投資理財系列
8

股票軌跡-道盡一切

低頭便見 水中天

劉明發醫師 著

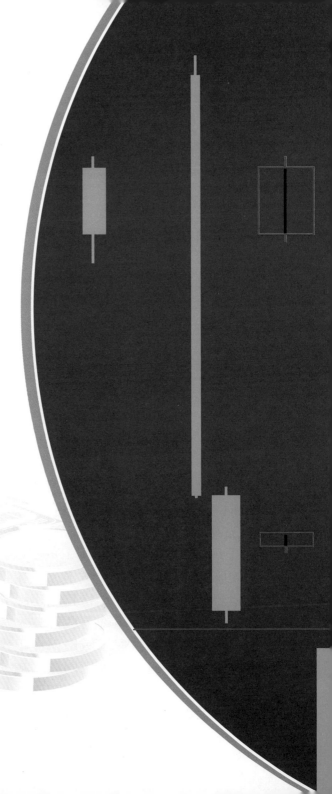

博客思出版社

致勝的關鍵

　　我為什麼喜歡買股票？大部分工作都無法憑一己之力完成，投資、買賣股票卻可憑藉自己判斷來獲利，只要打兩次電話就可完成交易。它是真正屬於自由的自由行業，不像我所從事的醫療服務，美其名叫自由業，卻一點也跟自由搭不上邊。投資，它可以是你工作之外之工作，絕對不會與你本業衝突。你以身體從事工作，但身體不能再增加；你開了一家診所，也就是一家診所，我太太純美卻說買賣股票等於開了好幾家診所，而且更輕鬆。投資股票的資金也可以再增加，另外，它給予你的是複利的投資回報。投資不同於你從事的工作，它是你可以完全自己做主的行為，不必問你老闆的意見，也不必其他任何人替你拿主意。你習慣了以後，每天不用花費太多的時間，卻可以有效率的一貫性獲利，因為它靠的只是機械性的操作、反應而已。買賣股票的好處實在很多。

　　上班的人更需要懂股票，不要以為小錢就投資不了，在別的區域或許真的投資不了，但在股票市場卻是人人平等，只要你用對方法，一樣可以迅速累積財富。而且這套投資方法一學就會，不像有些行業、有些學徒要三年四個月才能獨當一面。我兒子威慶僅僅跟我研究、討論了一星期，我們研究、討論時就用同樣的這一套理論，雖說是一星期，其實每天我們也只有共同研究一小時而已，其他時間他都自己看書。然後他就真槍實彈站上打擊區，而且一

上場就擊出全壘打……用一百萬（台幣），一個學期（大學一年級下學期，在美國）就賺了一百萬（台幣）。有一次他竟還問我說：「按捏敢好？不必怎麼認真工作就會賺大錢，這樣好嗎？人家會說話嗎？」……但是他那時怎會知道單單「該買什麼」、「買或不買」，「賣或不賣」就已經讓自己下了多少決定？那是真學問，那絕對不是不勞而獲，投資做得出色，人家崇拜你都來不及了哪還會笑話。我兒子他也證明了這套投資策略的實用及有效性。

　　不知多少年前了，偶然機會看到一本投資理財的書籍：《多空操作秘笈》，覺得它的投資理念不錯。既然是翻譯本，就買原文的來看看吧。那一年全家到日本探親、旅遊，就在「東京驛站」前面的書局買了這本 *Stan Weinstein's Secrets for Profiting in Bull and Bear Markets*。這本書，它深深的影響了我的投資行為。後來我偶爾也會介紹人去買「多空操作秘笈」來看，最後它好像絕版了。這就是為什麼會想寫這本書的原因，我要讓有心在股市賺錢的人有一個好的參考書籍，讓你一開始讀就會產生「希望」的書籍，讓大家知道股票買賣所依循的規範。股票市場沒有那麼神秘，只要你使用的是正確的遊戲規則。

　　首先我要表明我沒有任何財經背景，我只是一個小鎮的小醫師。我是一位開業醫師，沒有寫作經驗，三十幾年的股市經驗，欲將我成功經驗與投資大眾分享。

　　我不是「技術分析者」，我離那五個字還遠著呢！更何況一些所謂的技術分析人員所作的操作行為其實也真不

敢恭維。**我只是一個喜歡遊戲於股市的技術分析愛好者，我確切相信技術分析絕對有效，但是別人的那些東西我又不喜歡，就是這樣而已。我相信我自己寫的！**書本中的技術分析圖形中的第二欄、第四欄是我自己寫的技術指標！你眼前的這些都是精華中的精華！經典中的經典！它們是絕對有效的技術指標！書中的相對強度線RSL是我們自己寫出來的，我們花了兩年多的時間完成它，我兒子的努力搜尋資料，我女婿明勳的計算公式意見，最後我們完成了它。我想在台灣我們是唯一使用這種指標的人。它對你的買賣、獲利真的會提供非常大的幫助，當你讀到它時，請多給它一點掌聲，當你因它而獲利也請你不吝給它個讚。當我需要繪圖軟體時，我兒子也適時的提供給我，謝謝他。我相信那對你看技術線圖時一定幫助不少。真的，電腦我真的不懂。全書就繞著：K線圖、量價結構、相對強度線RSL以及26週加權移動平均線，搭配該有的投資規則、概念，配以大量的成功技術線圖的解說。我不用其他難懂又不能實現利潤的次要指標。讀後保證你投資賺大錢，帶你一窺股市的殿堂，讓股票市場對你將不再是那麼神秘。

　　高深的經濟理論我不懂。但是對股市而言這本書絕對實用、夠用，它其實非常簡單，但卻又最有功效，只要你開始讀它，你馬上就會喜歡上它。只要你細心品讀它，它也會回報你甜蜜的果實，它一定能幫你累積一筆可觀的財富。精彩的就在書本中。本書的特色是提供許多的成功技術線圖讓讀者參考，你可以依照我教你的買賣規則輕鬆獲利。最重要的是把我寫的投資概念、技巧，吸收、融會貫

通成你自己的常識，那才是你以後一貫致勝的關鍵。

　　本書成書實在是一件艱苦的工作。但我完成了它！有人會以銷售量來評鑑一本書的成功與否，但那是別人的宣傳成功，與你無關，不要被華而不實所迷惑，最重要的是你一對一的讀過那本書之後，是否從此脫胎換骨，快樂的悠遊於股市，那才是最重要的、那也才是你需要的。多少人、任何人因本書而受惠，我都感到欣慰。

目錄

第一章 今是昨非

發佈時間：2012年06月12日

歐債加上證所稅夾擊，有「張菲特」封號的藝人張菲，雖然一聽到證所稅要開徵，就忍痛認賠七百萬，殺出股票，不過目前手上的宏達電和聯發科，依舊套牢沒賣，帳面虧損約兩千萬！股市作家戲稱，菲哥用情太過專一，對電子股情有獨鍾，而且特別偏好高價股，才會上了這昂貴的投資課！

YouTube 授權發佈時間：2012年11月14日

中天新聞藝人張菲熱衷房地產投資和股市，不過最近股市慘兮兮連帶受影響，再加上政府祭出「房屋實價登錄」雪上加霜，房仲業者傳出張菲最近準備出售位於大直美麗華商圈的豪宅，近70坪的豪宅開價6868萬元，不過經紀人不願多做回應。

「要被氣死了！」張菲股票慘兮兮開6868萬賣70坪房——Yahoo奇摩新聞

台星張菲股票慘賠準備股市慘兮兮，張菲直呼：「快被股票氣死了！」

　　張菲先生，拿你當樣板實在真歹勢！我是你忠誠的fan，台灣綜藝主持界的大哥大你當之無愧。你有深度、有智慧，不過份、不越界，尤其最欣賞你的是常拿自己開自己的玩笑來化解現場偶而出現的尷尬場面的那種幽默，這種幽默感很難得。我們全家都很喜歡你，真的！連我女兒在外求學時有時還會打電話提醒我「爸仔，今天有張菲的節目喔！」說真的，除夕全家圍爐時少了你的節目，還

真的是少那麼一味。你是綜藝界永遠的大哥大。但在股市你恐怕就不行啦，或許你仍然是大咖，但有關勝負消息，從媒體得到的消息好像都是負面的。自從你沒主持節目之後，也不知從何時開始，每次看到你上新聞時都是在股市下跌時，這時大家心情都很不好，記者總會在這個時候跑來訪問你，娛樂娛樂你，你說奇怪不奇怪？這時候這些記者為什麼總會想到要訪問你，真是哪壺不開提哪壺。不過這也怪不得這些記者，現在如果在Google上查詢「張菲」，後面一定跑出「股災」。哈哈，你總是不忘娛樂大家。你總是講一些有的沒的好讓這些記者回去塞版面，你樂他也樂，為大家茶餘飯後增添一點話題，功德一件……。還有，即使你天天喝十全大補湯，大概大家也看不出這對股票買賣的勝算會有多大幫助。

　　希望有這麼一天，當你看過這本書，買賣股票會一而再的輕鬆賺錢，心情會很愉快，因為又一支你自己挑選的股票自從買進後也漲了一倍，當股市下跌時媒體不會再跑去訪問你，讓你獲得更大更大的成就感（錢對你算什麼？對不對？）那時你會對我說：「我是你的fan。」應該會有這麼一天，而且一定不遠。

　　進入這個有如金山銀礦般的股票市場，大家的目的都很一致：**賺錢**！在這裡應該沒有分岐的意見。沒有錯，從股票市場裡賺錢是很簡單，但其前提是你的整套買賣、遊戲規則必需是正確的，整個買賣操作必須是具有一貫性的。有了正確的買賣觀念加上優異的選股技巧，你就是股市的贏家。這正是本書所要做的！從今天起你我是一個團隊，我給的多，你時間也要付出的多，付出夠多的時間才能拿走更多桌面上的籌碼，熱誠非常的重要。

　　在股票市場裡，絕大多數的人是這樣決定買賣的：聽

消息、朋友介紹、問明牌、看新聞、看財經雜誌、看所謂名師的股票分析、看電視的財經報導、以及緊密的接觸整體經濟發展和重要產業的主要走勢。在股票市場賺錢的人是屬於少數，但是很對不起，股市中賺錢的人絕對不包括這些人。如果這些人都賺錢，那麼整個股票市場怎會只有8％到12％的人賺錢而已。如果你閱讀今天新聞的基本面報導，然後對著這條新聞做出反應，那麼你將無法一貫性的賺錢，這是大災難的處方，是投資新手所吸吮的毒藥。每天看財經台、一天到晚聽那些所謂的「名師」講股，也絕不會為你創造利潤。拿起便宜的飛鏢來射或許比這一些還要準一點，真的，而且飛鏢價格絕對要便宜得多。當然，依照這樣的方法，你有時可能出現一或數次的獲利，但是它沒有一貫性、沒個準兒，這時你又進入茫然，你又不知股海的岸邊在那兒了。這些絕不是通往財富的捷徑，它們只是財富災難的開始，是造成大家一再虧損的陳腔濫調而已。丟掉它們吧！要學習一般投資者所不曾瞭解的。從今天起不去閱讀財經新聞，不看電視商業報導，不聽名嘴講股，不到處找明牌。另外，密切注意金融雜誌與經濟新聞一點也一樣不會增加你的投資勝算。

　　不久之前的最近你是否注意到媒體一天到晚充斥著歐債危機的報導，悲觀的訊息一天接一天，一波接一波，那些個專題報導者好像個個很權威，位位有內幕消息似的，天天語不驚人誓不休的聳動報導，好像明天就要塌下來了，危機好像明天就要淹過來了，但是——FTSE，DAX，CAC40 這些歐洲股市回檔又創新高，如果壞消息像排山倒海似的衝擊股市，為何股市回檔又創新高，為什麼？不為什麼，只因股票市場走它自己的路，你又怎麼說？天天看金融報導有效嗎？歐債危機與歐洲股市何干？經濟報導有影響到歐洲股市的走勢嗎？股市它自己會發出

自己的訊息，這絕對是一個鐵證！是不是有人會說如果發生「台債」危機而股市會大漲，那就不妨來一個吧。大家只能摸索著這個訊息前進或後退，因為長久以來大家都承認它——「股票市場走勢」永遠是對的。因此**決策必須根據市場行為**，絕對沒有妥協的餘地。這個訊息，來自技術分析線路圖的分析，它不會目無白丁，它不管你是男女老少，它只希望你能默默的欣賞它，把它所釋出的訊息化作買賣行動，然後它就會回報你甜蜜的果實。千山萬水我獨行，不必相送。

　　股票市場是一個經過充分吸收、而又充分反應的地方，尤其現在電腦網路資訊發達，財經世界又是二十四小時不停的運轉，說不定在你還沒收到訊息之前它已經反應完畢。沒錯，請記住，金融市場對於新聞的反應遠在你收聽或閱讀報導之前，而且絕對是充分的吸收、充分的反應，更何況黑板上的價格反應是未來的前景而非目前的盈餘。鴻海估計可賺 8 塊錢，大老板郭董也出來喊話，但是股價仍是上上下下的踏著凌虛步，一些將由虧轉贏的股票反而走的非常凌厲，這就是前景，等到外資看到鴻海前景不錯時，他就不請自來了，郭董不必為股市小民擔心的。郭董要小股民團結，這種使命感也太沉重了，還好後來沒續集了，這就是他有智慧的地方。那些螢幕上跳動的訊號是對未來前景的肯定與否定的投票行為。而且最後它總是對的，那些與其投反對票者最後都要蒙受財務與精神的雙重損害。成功之道無它，你必須學習、發掘與利用市場行為模式所提供的線索，並且將它們轉化為利潤與欣慰。

　　買賣股票真的要靠自己。外資的話能信嗎？聽聽就好，你真以為他們是散財童子、聖誕老人？他們跟你我一樣都是想從股市賺一些錢而已，何況有時他們也會不同調。老闆的話能信嗎？參考用而已，不用信太多。不信請

看圖一：

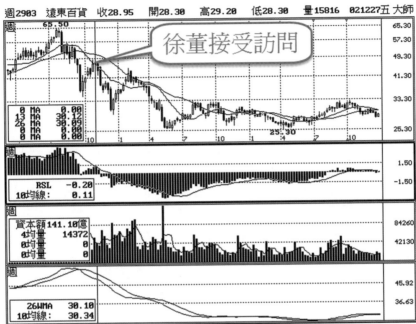

徐董接受訪問

圖一（本圖由大師資訊提供，部份資料為作者所專有）

　　當外資於46.00（K線圖中所繪之直線）附近喊賣「遠東百貨」（2903）時，有記者去訪問這位董事長徐先生，請教他當時對此事（外資喊賣遠百）的看法，當時電視螢幕上徐董的答覆是這樣的：「外資目瞯互蜊仔肉糊著」（這句也是張菲先生的口頭禪喔！）但是遠東百貨的股價一直跌到25.30才叫停，現在兩年多過去了，它仍然沒上30.00（執筆時），到底是誰的目瞯互蜊仔肉糊著？誰說的準？市場趨勢！誰說了算？市場！宏達電王董事長也買庫藏股，對股價也沒有幫助多少。太多因素會去影響股價，投資人只有自己作功課才能立於不敗之地。聽外資的、聽老闆的結果也好不到那裡去。請勿誤會我，我並沒有說老闆的話不可信，我強調的是不用太理會他們對股價的判斷。他們講的話與他們對股價的判斷是兩碼事。

＜本作者聲明：本書所引用的股票資料是作者看當時股價走勢所發表的個人感想，純粹是「股價」，即使點出股名也無關乎該股票的好壞！對不起，作者不評論股票的公司或相關負責人。作為投資人，我在乎的是它的股價。特此聲明＞

要在股市成功，要成為那少數的獲利的一份子，你必須要努力摸索，要認真學習，要即時利用市場行為所提供的訊息，並把它轉化為你的利潤，除此之外你可能也要學習一些別人所不知道的，這就是本書所要做的，也是本書所承諾的。所以一切從此開始，請不要再聽消息，看新聞，看雜誌來決定買賣股票了，那是災難的開始，絕不會為你增加財富與快樂。從今天起買賣股票時做決定的那人就是你自己！想想看那是多麼的棒，做決定的是你自己耶！

常常你會聽到周圍的人抱怨說他們在股票市場運氣非常不好，一買就跌，一買就套，擱放著它不動，賣了以後它就漲，結果總是虧損出場。股市買賣真的有關運氣與否嗎？其實這種說法是荒謬的，是一種牽拖。股票買賣怎會與運氣扯上關係？當你失敗時你總會加上一句：運氣不好，當你成功時你又會說那不僅僅是運氣好而已。其實那些股市失利者只是運用了錯誤的遊戲規則來參加股市的買賣罷了，一開始就錯了，你怎麼能要求他有好結果，就是如此而已！這絕對無關乎運氣的好壞。如果買賣關念不改，他們將繼續的住套房，然後繼續的抱怨自己的運氣怎麼總是那麼背，直到有一天他真的出局了，他會跟別人說如果以前不去買賣股票現在的日子會很好過。投資股市是為了獲利，所以必須學習使用會獲取利潤的遊戲規則，才能經年累月的踏上獲利的日子。

電腦上的「複製」、「貼上」實在太方便了，現實生活上的智慧與成功經驗大概不能由「複製」、「貼上」來複製，只是不知可否3D列印一下？但是，在股市的獲利經驗、規則卻是可以複製的，而且必需是一再的、一再的複製，複製過去成功的經驗。

有好心情才有好運氣，心情好時你才能篤定，也才能淡定。而鎮定的心情正是我們在股市買賣時不可或缺的。誰又能給你這種鎮靜的功夫呢？它來自於技術指標——也就是股市股票自己走向的訊息。每天你看著它，細細的品嚐著、細細的思索著什麼；每天你看著它，又悄悄的否定些什麼。它是你採取行動時的指標，它不動時你也要不動如山，它動時你就要疾如風，它是你行動的準繩。**「都變了，完全變了！」**——葉慈，愛爾蘭詩人。過去國內股市齊漲齊跌的時代請你不要夢想它還會再回來，絕對回不去了。這時選股的重要性就更是不言而喻了。選對了股才能高奏凱歌，選錯了股或不會選股就說它悶或運氣怎麼都那麼背，繼續唱著悲歌吧。連國際股市好像也脫勾了，美股在山巔，歐股在山上，陸股在山下，有的住在半山腰，誰能告訴我它們誰才是領頭羊？要獲利你必須要先知道如何選股，訊息從那裡來？「技術分析線路圖」，技術指標會毫無藏私的告訴你，只要你靜靜的欣賞它，輕輕的去聽它釋放出的訊息。它名就叫技術分析，它的訊息藏在技術分析線路圖中。

一般股市的投資者大概就簡單分為基本分析派（者）與技術分析派（者），這些我想大家應該都知道的。簡單的說：基本分析者下買賣的決策所根據的因素為經濟表現、產業表現及個股的盈餘。而技術分析者則專注於觀察市場行為本身，它們將目光焦點聚放於經過充分吸收後

所表現出的量價關係上，Ｋ線圖與他們所信任的一些指標上。無所謂好壞，都有人遵循，也都有人成功，重要的是一貫性，找出一個好方法，只要它能打敗市場，然後非常有紀律的守著它，運用它來持續的獲利。千千萬萬不要有這次或許不一樣而捨棄了它，這樣你可能又會走偏了。千萬千萬要記住：**一貫的遵守一個方法和恪守紀律真的非常非常的重要**。衷心的希望你能記住它。即使你選股不怎麼樣出色，但是只要你記住這句話要在股票市場受傷也很難。

　　我比較喜愛技術分析線路圖透露出的訊息，不是我比較不相信人，只是我更相信證據。其實數據圖表一樣都是可以騙人的，只是我們講過它在市場上是經過充分吸收過而反應出來的，總的來說還是比較可信的。社會上的事總是越攪越黑，股票市場卻是越攪動越還其「真」。股票市場上有一句令人生氣又無奈的話你是應該相信的：「總是有人早知道」。我們這些股市小民總是沒那本事與福氣早知道這些好康的。但是就是總有人能早知道，不管好消息壞消息，公司周圍的人總會先下手，等到季報公布時股價不知走到那裡了，還好有技術分析會通知我們，價量是無所遁形的，你不動我不動，你動我也可以考慮隨著動，我們還可以站在客觀立場評論它呢。請看：

類比IC 4月吃大力丸 立錡、凌耀、聚積、類比科、F-IML營收衝高

ＸＸ網記者○○○ 台北
2012-05-1213:51

　　類比IC 4月營收走勢強勢，受惠庫存回補帶動，以及各家布局的領域需求走揚帶動，多家營收表現亮眼，立錡(6286-TW)再衝19個月新高、凌耀(3582-TW)與聚積(3527-TW)皆創下歷史新高，F-IML(3638-TW)創21個月新高，類

比科(3438-TW)也創15個月新高，僅致新(8081-TW)較 3 月微幅下滑。

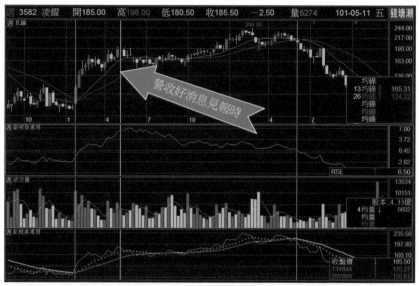

圖二（本圖由大師資訊提供，部份資料為作者所專有）

　　我故意把K線圖日期（中間直線）調至與上面的新聞報導日期一樣，這樣大家就可以更清楚的看出好消息見報時股價已經反應到何處了。可以這樣說，百分之百的股票都會有技術分析上四個階段的輪流出現，只是時間問題而已。這支股票在有利訊息見報時，這個時間點去買進確實不是很恰當，更別說是專家的推薦，因為它離開理想買進點太遠太遠了，「**利潤/風險比率**」已非常不利於你了。如果用事後諸葛的角度來看，到底還有多少空間可以讓你自由揮灑？這則新聞算客觀，它只純粹報導業績沒叫你去追價。還有一家雜誌也在同一天推薦它，如果你信了雜誌的話而去買它，當它開始下跌時你到底是不是因為腳麻掉了而不能下車，或者看它基本面還不錯，或各種理由而不想下車結果是：它回到了前次底部，而你要受到腰斬的金

錢損失與一大段時間的精神折磨。又是歷史一再的重演：
「總是有人早知道」。

一理通，萬理徹。（台語發音）
這是小時候家母常提及的一句話。

我們就來說說早知道吧：凌耀科技（3582）於六月初開始下跌，然後六月財報出來了，稅前EPS還有11.21元ㄛ，很亮眼，才半年而已嘛，應該會有人看了財報去買該股，我相信，股票市場上不信邪的所在多有。「絕對絕對」不該在這時去買股票了，因為26WMA已經蓋頭了！然後要命的九月財報終於出爐了，（請看圖二.一），蝦米Ｙ，11.96，真夭壽喔！稅前EPS竟然只有11.96而已耶，原來這顆蘋果中真的長了蟲！其實你再往前看這張K線圖，在中間帶巨量的三根長黑應該就是早知道的人腳底抹油跑掉了，可怕嗎？厲害吧！這些早知道的人。大盤並沒有下跌，而它跌的還真是有模有樣，臉不紅氣不喘，然後可恨的九月份報表終於醜媳婦見公婆了，原來是這樣，你該怎麼說它呢？它從最高價244.00一直到11月底的83.30才止跌，這期間大盤也只是小漲小跌而已（看圖中的RSL就知道）。這張圖表可以顯示：媒體推薦得太慢，所以說不要太相信媒體；九月財報出來時股價已經走跌一大段，這是基本分析的盲點，但是技術分析能帶你避開風險！你有把握說這些人不會在低檔又買回來嗎？等著看吧。一般來講壞消息公布後應該就離底部不遠了，最後再跌一小段，這是由一些不知不覺者所賣出（這是恐懼的反應）。如果你還不相信「總是有人早知道」，那你就可能比我更像豬頭了。這是我賺了一倍的股票的其中一支，不過我不屬於早知道的，我只相信我相信的技術指標！該買的時候買，該賣的時候賣，僅此而已。賺多少、賠多少不是重點，我所

要強調的是：你依據什麼遊戲規則來決定是該採取買進行動的時候？你又依據什麼規則讓股票在第二階段中繼續持有？它又不是單行道，對不對，最後，賣清持股的決定你是在什麼情況下決定的？這才是重點。這也是本書的重點所在，我們會在後面告訴你。一貫性的依據技術分析圖來賺錢與偶爾靠運氣賺錢當然不一樣；一貫性的依循技術線形來處理虧損的局面當然也與賭客抱股不放有所分別。

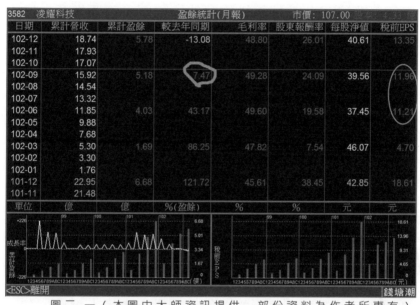

圖二.一（本圖由大師資訊提供，部份資料為作者所專有）

　　圖二左邊那條線總結第一階段，股票正式進入第二階段，這是買進點！各種有利情況俱備：它須要挾帶巨量，股價已站上26wma，26wma也隨著翻紅（變正向上了），RSL迅速改善中。一般情況下這裡都還會拉回，只有少數會成為全壘打，尤其像這支股票的26wma前幾週還非常有斜度，還不是持平樣，大多數都會拉回，只是它形成了絕佳的「三重確認」形態，所以才能漲的那麼輕快、紮實；右邊那條線（六月初）則是總結第3階段，股票正式進入

第4階段，各種不利狀況齊集：股價低於26wma，26wma又已翻黑（反轉向下了），RSL已降到零線附近，它不一定非要挾帶巨量不可，恐慌賣壓就會像山上落下的石頭般壓垮它！拜託，「絕對不要」在此階段買股票，你一定要承諾你自己絕對不要在此階段買股票，拜託你了，你是可以放空的。由空而多，由於絕佳型態故而扶搖直上，媒體的推薦，早知道的先落跑，再由多而空，更搭配了財物報表的公佈構成此熱鬧紛紛的絕佳線路圖。不要嫌煩，慢慢的欣賞線路圖，你會覺得越來越有趣，然後你會漸漸的喜歡它。台語有句「一理通，萬理徹」，你聽過嗎？就是要促使你能夠達到這樣的境界。然後你會發現「軌跡呈現一切」原來是真的，絕非偶然！它真的會源源不絕的釋放出來細微的訊息，只待你去發現它。

　　線路解讀與技術分析不是什麼神秘的科學，它反而比較像藝術。它不是什麼玄學或天文學，更不是什麼旁門左道，它只是我們用來檢查市場、個股健全與否的技術工具而已，我們僅僅是循著軌跡找答案，然後加以利用。多數的學院派學者與一般投資人會把技術分析視為妖術或天文學，他們會說市場是隨機的，是不可預測的，有些人更是根本就歧視技術分析的功能與優點。市場上還有一句話應該你也聽過：「強者恆強，弱點恆弱」。如果是隨機為何每天表演的都是同一齣戲。既然是隨機為何個股表現差別那麼大。一位勝任的技術分析者所做的工作正像一位要幫你下診斷前的醫師幫你所作的檢查一樣。EKG、MRI、CT640切都是巫術？電視連續劇《星艦奇航》中的醫官麥考伊手中有一個手機大小的感測監視器，可讓疾病無所遁形，診斷就出來了，這在現實生活中是沒有的。我倒希望那是真的，而且最好還要有一支能馬上呈現出處方的監視器，那時候醫師先生各位大人怎麼辦才好？線索在軌跡圖

形中向你微微的招手，你要認真的去找出它。不管如何，下次再有人在你面前評論技術分析如何如何時就請你笑笑吧，請你千萬不要生氣，還好真還有這些人要不然或許賺錢還沒有那麼容易呢。只要你站在那裡，管它的，其他九個人都是賠錢的。

電視劇集CSI（台譯：犯罪現場）中的首席調查員葛瑞森，這位喜歡引經據典，喜歡講有些哲理的話的歐吉桑說起破解案情的過程無不眉飛色舞：奇怪的症狀、神秘的轉折、無心的發現再加上找到差一點漏失的線索，全案終於柳暗花明，最後迎刃而解。好看喔。雖然不同行，卻是技術分析者的榜樣。我大女兒芳君有兩三次在一起閒聊時都問到「小孩子長大後到底對自己幾歲後的事情才開始有一些較明顯的記憶」，大概是要開始存錢好帶小孩出國旅行了？不然怎會跑出這種怪問題？「四歲半」我說，「從那裡看來的？」我大女兒她也是醫生，「CSI葛瑞森說的」我說，大家都笑了。實在中毒有夠深，不過真的不錯看。一再的推敲解謎，正是技術分析者的特色。你我都要找出隱藏在其中的訊息(證據)，以便採取下一步有利的行動。爆冷門的超高收視率，（本來別台認為太艱澀而不要的節目）你說好玩嗎？它竟也讓申請就讀大學「鑑識科學」學程的學生數量大為增加，連FBI都來發表意見。你能想像它在美國賣出的重播一集所賣的價碼是多少嗎？160萬，是美金不是台幣，是一集而已喔不是一季！建議你有空時可以看看，真的不錯看。

但是假如你未來是一位技術分析者，你能否從此完美無缺，答案是：當然不行！嘿是不可能的代誌。天底下那有什麼東西是完美的？如果你能用你我共同的語言形容出完美，那我就說你是完美的，完美好像就無味了。我喜歡半自動咖啡機勝過自動的，只因為在偶而的充泡失敗之後

常會泡出一杯令人讚嘆的咖啡，誰說缺陷不是美。並不是每位拿筆的畫家就是畢卡索；喬丹、LBJ雖然無法球球入網，但是累積加總他們仍是最偉大的球員之一，梅西、C羅也無法一直球球掛網，但也不失其大，這是現實生活。我們不能把我們的意志強加到其他人身上，同樣的，我們不能把我們的期望強加到我們發現的證據（K線圖，量價關係）上。我們是希望它照著我們想要的方向走，但是那也僅僅是希望而已，影響因素太多了。

　　有次我去苗圃買一些花草樹木，老板說了一句話：如果你想讓你種的花草樹木照你想要的方向生長有時你會氣的只剩半條命。是的，那能事事盡如人意。如果買進的股票不能依你希望的方向移動也請不要太生氣。那就這樣嗎？不是的，接下來就是紀律的時刻上場了，多數的專業者都知道一個秘密：只要你能讓獲利中的股票繼續成長，而快速的處理掉你的虧損部分，縱使你選取的股票成功率低於百分之五十，你一樣可以累積很大一筆財富。**正確的處理虧損是增加財富的秘訣之一**，而且是非常重要的秘訣！虧損能正確漂亮的處理得宜，才不會腐蝕你已獲利的部份。只要技術線路圖是正面的，獲利中的股票就要讓它繼續成長，讓它去錢咬錢。每當我告訴別人我又有一檔股票也漲了一倍時，幾乎反應都是：你怎麼能放那麼久？就讓獲利中的股票繼續成長吧！你我當然不可能永遠正確，你我也沒有必要永遠正確。但是只要遵循的方法正確，那麼，正確的百分率自然就會很高。獲利就會增加。

　　技術分析不用搞成那麼複雜，**所有的技術分析實際上僅僅包含價量關係的研究，並藉由此發展出對未來趨勢的觀察與對應**。所要解讀市場的是對於已經充分吸收的資訊預期所做出的解釋。正所謂：「豪豬一招勝過狐狸的一套」——不用學的那麼複雜，把自己搞的慘兮兮。有時候

真的學過了自己也不知道它代表什麼意義，不是嗎？ 我想應該就是大家共同的頭痛經驗吧。如果大家學的都是一樣，買賣都同一時間點，請問明天股市如何運轉？兩參招就夠了。它簡單又實用──過去一直很有效，現在也管用，未來也保證一定管用的──這就夠了。因為它既「簡單」，最重要的是它又非常非常「實用」，它不是學院派的純理論或不切實際的空談，它有百般實戰的經驗，經過千錘百鍊的洗滌，資料又隨手可得，卻可以經年累月一貫的獲利，不管多頭或空頭，一些時日之後，一定可以為自己累積一筆小財富，也帶你避開可怕的風險。

不會許諾大家星星、天空與月亮。它不會也不可能讓你一夕暴富。如果你真的想一夜致富，現在就可以放下書本了！其實在股票市場你千萬不要有一夕致富的心態與行為才是健康的。一夕致富心態與賭博行為相近，並不適合本書。如果有方法讓你能細水長流般的獲利，為何非賭博似的買賣不可？如果你的態度是嚴肅的、是認真的、是健康的並且想學習一套如何在這金山銀礦般的壓迫感很重的股市中輕鬆快樂行，最後並能累積一筆相當的財富，還有那醉人的成就感，那麼本書絕對適合你。應是值得你花時間與精神去閱讀的一本書，花費的精力會與你的收穫成正比。

台灣這兩三年來股市大盤一直在狹隘的有限空間裡上上下下，搭配那看起來比過去少很多的成交量，怪不得好多人都叫悶。果真如此？那倒也未必，出現買點的股票此起彼落，漲的漂亮的股票也所在多有。我收集的資料都以最近這兩年的為主，都還是熱乎乎的，只是太多太多都被你我的懶散所疏忽掉了。如果低成交量成為常態，也不要一直懶散了，悶經濟也一樣要幹活啊！如果以後的經濟都

是微成長，日子也一樣要過下去的。悶股市也一樣可以有所作為的，選對了股就會有行情，不要跟著一起悶。抱怨無用，加緊腳步最實在，做事要有傻瓜精神。

我真想寫一本大家都可輕易看懂、愛不釋手、又非常實用的書。會讓人看了之後產生「**希望**」的書！而且它的終極目標就是——**獲勝、成就與在股市快樂行，它們就是本書有關的一切**。不必因為過去賠怕了而失去了信心，也不必因為套怕了而喪失了希望的火種，看過本書之後我希望我能為你重燃此信心的火花。熱誠很重要，信心很重要。成功是由百分之九十九的失敗組成的，不要灰心喪志；打得開鎖的總是你試的最後一把鑰匙。**在股市犯下重重錯誤之後**，我終於理解出如何去挖掘市場所暗示給我們的非常清晰的線索。何時進何時出非常清楚，不用再去追財報，也不會常常賣子買爸，壓迫感減輕之後心情篤定了，獲利就更容易了。「過去，我總是錯的，但那是我讓自己對的方法。」，共勉之！

好了，要進入主題之前還有幾項要注意的。首先，我們是一個團隊，經驗告訴我們，**成功最重要的因素不是能力而是熱誠，成功者是全心全力投入工作的人**。因此，在未來你在學習這套方法時，你投入的精力越多，很確定的是你從桌面拿走的籌碼也將會越來越多。沒有僥倖這回事，最偶然的成功，似乎也都是事有必然的。前面說過……豪豬一招勝過狐狸的一套，因此對於技術分析我僅處理有關賺錢十分重要的因素，其他次要因素就把它擱置一旁，即使這樣，也須要你投入相當一定的時間與精力。很小的時候我曾看過一本介紹游泳的書，它說的好，岸邊的換氣功夫越紮實以後就游得越暢順，才能游得像走路一樣平順，一點都不覺得累。其實從事什麼事情應該都是這

樣的道理。在這裡是看圖、看圖、還是看圖！重點與規律知道之後，要不斷的實際練習與應用你所學習過的知識與技巧，也就是不斷的看線路圖。把電視關了吧，省下你的時間拿來欣賞線路圖，欣賞你買的股票的線路圖，欣賞落入第四階段的股票的軌跡圖，欣賞漲的亮麗的由第一階段進入第二階段的股票的K線圖。唉！它比看那連續劇有趣得太多了，真的。你投入的精力與時間越多得到的報酬也將會越多。有空就看看技術線圖，節省時間用來看技術線圖。等到有一天當你線路圖看得駕輕就熟時，你就會相信什麼是「**軌跡呈現一切**」、什麼叫做「**一眼勝過千萬盈餘預測**」。投資你自己吧！

　　再來還有一件也是很重要的事：**你必須要控制自己的貪婪與恐懼！**控制這兩個市場的共同敵人！控制類似孿生惡魔的情緒……貪婪與恐懼！貪婪往往就在樂觀歡呼中產生，恐懼則在絕望無助時萌芽。貪婪和恐懼會一直在這個領域重複發生，因為它們就像兩個孿生兄弟。只要涉及金錢的，不管是市場或遊戲，都會有壓力，畢竟你我都是人。貪婪會誘惑你、驅使你在頭部附近做出瘋狂似的買進動作；恐懼則會漫延成恐慌、徬徨，逼使你在底部的階段因為無助、無望而採取自殺似的賣出行為。這都是因為壓力造成我們的心態搖擺不定、無所適從下所產生的幾乎盲目的貪婪與恐懼行為。此刻需要那看不見的「心」來自律、示範、導引，只因你我皆是人，一定會有情緒上的反應，所以對於市場上的反應有時難免會失之偏頗，此時如果交由機械化似的系統……線路圖來決定，它不受制於情緒，它不會因貪婪與恐懼而做出背道而馳的判斷，如此就會有更具獲利能力的表現。這也正是技術分析的優點，這時候它的訊息就是我們定力的來源。**無論何時，當你想做任何買賣決定時請回來看看K線圖，當它按「讚」時再作**

25

決定吧！它走它的路，無憂無懼，千山萬水我獨行。「如果勇敢是一個不懂恐懼的特質，那麼我從來沒見過一個勇敢的人。所有的人都會害怕，且人愈聰明，他們就愈會害怕。勇敢的人，即便感到恐懼，也強迫自己繼續前進。」──喬治‧巴頓 (將軍)。當恐懼的心態有所憑藉時就不會那麼樣害怕。我媽媽常說「貪錢不富，貪水不到厝」（台語），就是勸戒我們不要有貪婪的念頭！

We simply attempt to be fearful when others are greedy and to be greedy only when others are fearful.……巴菲特投資心法＜5＞

　　不管你是死忠的長期投資者或是堅決的基本分析者，也請你珍惜技術分析所透露的訊息，不要漠視它，如果能精通此新方法，你更能融合此二方法為一體，它真的可以幫你掌握、提示基本分析買賣點的時效性與精確點，也可以使長期投資者獲利倍增。想想看，如果一個長期投資者能於股票正式進入第四階段時賣出所持有的股票，當它又將進入第二階段時又以同樣數量的金額買回來更多的股票那該有多好。圖二已經說明了一切 。

　　技術分析的精華所在……K線圖、RSL、量能變化以及26wma……它所展現的意義：舉凡跟公司有關的資訊都會反應出來，包括公司盈餘或虧損、現在產品的銷售情況、新產品的願景、管理階層的變動、已知的資訊、未來的展望開發以及其他的基本分析資訊，所有這些都會顯示在其中，都會反應在股票價格中、在成交量變化中、甚至老闆寫了萬言書它也會反應。說的也是，如果公司遠景看好又何必常常寫萬言書？它所顯示的是一種有效的市場行為，是經過市場充分吸收過後所顯示的軌跡。由圖二中可以看出，不管你是得到甜蜜消息（媒體強力推薦）或是得到痛不欲生的消息（財報），你所得到的消息總是沒有這

些軌跡來得快。除非你有內線消息，但那是違法的。也就是說除非你敢觸犯內線交易的法律規條，否則你永遠不可能及早發現、或獲得任何重要有關的資訊。不論你從媒體上、股市朋友得到任何訊息，你將已來不及且已無法做出任何有利於你的反應。

　　想起著名的金牌馴狗師西薩米蘭在國家地理頻道的節目「報告狗班長」中說他尊敬街頭的流浪狗，因為牠們有「磨練」出來的街頭智慧，牠們了解如何面對與躲避衝突，知道去哪裡找食物與避寒；牠們為了在街頭活下去而竭力發揮動物天性中的各種本能。同樣的，我們這些股市小民為了在股市中永遠存在怎麼可以放棄在軌跡中探索重要訊息呢，我們面對的股市險峻環境比流浪狗面對的環境總是有過之而無不及的，希望大家都有磨練出來的股市智慧，軌跡智慧，讓大家成為股市中的常青樹。這是我衷心企盼的。

或許不是第一，但絕對是唯一

　　有一個問題一直困擾著我。**大家是如何去決定買賣股票的時間點、如何去物色買賣的標的？**如果我說市面上有關教人如何買賣股票的書、雜誌自有股市以來絕對不會少於一千種，應該不會有人反對才是。而會去買那些書來看的人絕對不會只買一二種，說不定會擺滿書架的一二排，但是為何戰果依舊？總是唱著「悲情的股市」？那麼問題就來了，那些書或雜誌大多數應該都是出版者認為勝算大或者是他們的心血結晶，他們應該都是基於想對閱讀者有所幫助才寫的吧，你如果能夠照表操課，應該是對閱讀過的人有所幫助才對，但是為什麼還是嘆氣的人多，為什麼總是不能繳出漂亮的成績單？問題在那？

　　問題在那？如果癥結是出在出版者我就無從推測起，因為我很少去看那些書；如果是出於閱讀者呢？是出版者寫的艱澀難懂而使你不易入市？不易看懂？看過就忘？資料來源不易？終究不能吸收成為自己的東西，而讓閱讀過的人還是無所適從，沒有一套買賣時的標桿。這就讓我想起我們上歷史課的經驗，枯燥無趣的教科書總是叫人記了又忘，記了又忘，如果經過說書的一說你就會比較有印象一些，如果畫成漫畫或拍成連續劇則更會讓人看過後好久都不會忘，奇妙啊記憶這東西。所以，**所以我決定就讓大量的技術線圖來代替文字的陳述**，我要強迫你，一而再，再而三的看到成功與失敗的軌跡圖差異在那裡，你讀了再多的理論、看了再多的書，最後仍是得實際應用到看軌跡圖上，所以兩者的目標其實並無差異。只是差別就在我希望採用漫畫圖似的轟炸，練就你的雙眼一看就能分辨這支股票目前到底是優是劣，好讓我們的有限資金能做最有效的運用。這是我的想法，希望它是有效的，當然須要你的時間與精力的投入。希望能改變過去那種看過書操作起來仍不見成效的現象。醫學生學習了再多的知識，最後仍是應用到病人身上，而病人恰是他最好的導師；軌跡線路圖也正是我們採取買賣決策時的導師。希望真能達到「軌跡呈現一切」，「一眼勝過千萬盈餘預測」的境界。到時才能愉快的股市快樂行，並享受那迷人的成就感！不管有多少人，只要有人因此而成功，我就很高興我這種做法了，希望你是其中之一，永遠走出賠錢的惡夢。

屠龍			潛力股搜尋			合格家數:23			1020802
編號	證券名	代碼	收盤價	週漲幅	週量	W/n1四	日成交量	D/n1八	26WMA	RSL
1	零　壹	3029	15.25	12.13	7575	4.33	4297	8.43	14.03	0.14
2	精　誠	6214	39.40	11.17	4573	3.56	2455	6.32	35.97	1.29
3	智　冠	5478	55.10	9.26	8160	4.21	4532	7.54	51.45	-0.20
4	聚　隆	1466	19.65	8.91	4396	2.17	3664	6.11	18.29	0.53
5	至　興	4535	42.00	8.45	954	2.61	263	1.77	39.00	0.07
6	安　勤	3479	46.40	8.08	9085	3.57	4698	4.36	43.34	1.00
7	F-東凌	2924	56.70	7.41	1227	3.85	1134	45.82	54.92	-1.31
8	臺　鹽	1737	27.30	7.33	28963	3.17	6821	1.92	26.22	-10.00
9	三商電	2427	9.04	7.08	10326	6.70	3353	3.44	8.76	-0.62
10	台　南	1473	33.95	6.63	5649	1.16	2737	3.34	33.83	0.95
11	達　邁	3645	29.75	6.55	864	2.20	406	3.78	29.32	-1.57
12	誠品生	2926	193.00	6.22	448	0.57	265	3.88	186.13	27.56
13	豐　藝	6189	28.10	6.05	4886	1.88	1172	2.01	27.54	0.99
14	精　技	2414	14.95	5.35	2864	2.05	2088	5.17	14.83	-0.17
15	元　山	6275	14.10	5.32	5658	11.36	657	0.97	13.89	-0.31
16	濤　生	4111	30.15	4.31	2301	0.37	941	2.11	29.03	0.08
17	永　光	1711	21.15	3.55	11019	2.56	2463	1.80	20.78	0.01
18	F-鼎固	2923	26.70	3.18	949	0.43	357	2.14	25.97	7.58
19	台　開	2841	11.30	3.10	7251	1.61	4564	4.85	11.21	-0.70
20	美吾華	1731	16.20	3.09	5828	1.26	2440	3.88	15.94	-0.09
21	瑞　昱	2379	74.20	2.96	16420	0.96	6474	2.41	74.02	1.40
22	斐　成	3313	10.70	2.80	1538	1.15	492	2.13	10.60	0.05

`<INS>設定　<F5>重新計算　<ESC>離開` 　錢塘潮

圖三　資料為作者所有

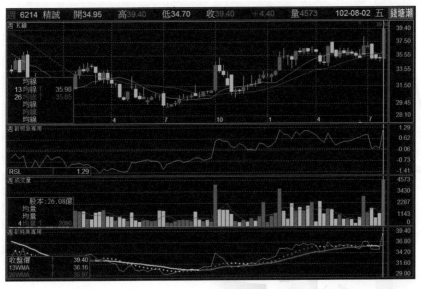

圖四（本圖由大師資訊提供，部份資料為作者所專有）

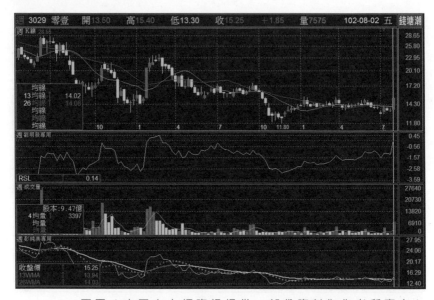

圖五（本圖由大師資訊提供，部份資料為作者所專有）

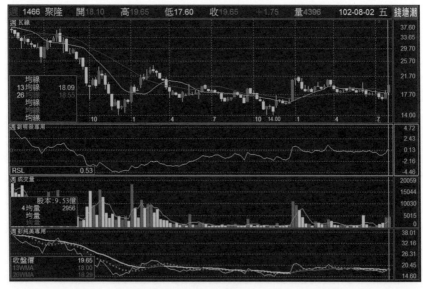

圖六（本圖由大師資訊提供，部份資料為作者所專有）

　　上面表格（圖三）是依我所寫的搜尋股票條件「屠龍」所篩選出來的股票，時間是1020802。此種作法優點

是它可以節省你我尋找股票的好多時間，把節省下來的寶貴時間用來陪家人。台灣總共才有一千多支股票，人工方式或許還可以，如果像美國那麼多支股票，等你找完股票時頭也昏的差不多了。缺點是遺漏在所難免，因為它太過制式化了，不過還是可以修改條件的，如果你覺得需要的話。**我們之前強調過，不論你想交易的股票來源從何處來，做買賣決策之前，都請你一定要回來看看技術線路圖**，在這裡依然適用，看看它是否會幫你按一個「讚」、或者會狠狠的踩你一腳，不會因為它們是我們所篩選出來的股票而有所差別。既然篩選出來了，就表示它們都符合我們所設的條件，那我們是否就可以隨便從中挑選一支來從事交易行為？反正它們都符合條件所以才入選嗎，如果你真的採取這樣的行為，可能就差之毫釐，謬以千里了，篩選股票與股票獲利中間並沒有等號存在，不要忽略你雙眼的重要性，那是之後獲利與否的關鍵所在，要不然成就感又從何而來？最重要的是要經過你那雙經過訓練得有如鷹眼般銳利眼睛的選擇，而後才採取買賣行動，那一支個股可能後續最強，會為你帶來利潤；那一檔個股可能之後的表現不會太合人意，那就要看你展示功力做如何的抉擇了。我們選擇其中三支股票（圖三中打鉤者）藉由技術分析來判斷它們後續的可能走向。請看看表格下方那三支股票的技術線圖：（圖四、圖五、圖六）它們前一週分別上漲了11.17%、12.13%、8.91%，(表格中都有顯示)。

　　你會選擇哪支股票在明日交易時出手？而你最不想去碰哪支個股？理由是？你如果是經過訓練的，一分鐘內要有答案，因為要看的股票實在太多，如果你是新手，就請慢慢端詳、參透，不用急，前面已經提過「一理通，萬理徹」，好好的研究成功一支股票是好的開始，只是你必須給自己確切的理由，這很重要，不能模稜兩可，一定要能

說服自己。如果你是一位完完全全的新手，從未碰過技術線圖，完全不懂這張K線圖裡面的東西所代表的意義，那也沒關係，也請你不用急，就先當作漫畫欣賞吧，稍後我們會解釋一些這張圖像裡會出現的東西，好讓你我從今以後以共同的語言來研究，然後你再回來看看就可以。因為以後選股的模式也都差不多，這攸關你未來的獲利與否、與獲利多寡。同樣的錢我們當然希望在相同時間內能做最有利的運用，一兩次失誤你或許不覺得有差，累積多次失誤後彼此的金錢差距就會越來越顯著，不可不慎。你想想看，如果這次交易行為你獲利一倍而對方不賠不賺，你是否就多出一倍了？（這指的是交易金額部分，不是全部金額），所以，要珍惜每次的交易行為，切莫輕率為之。

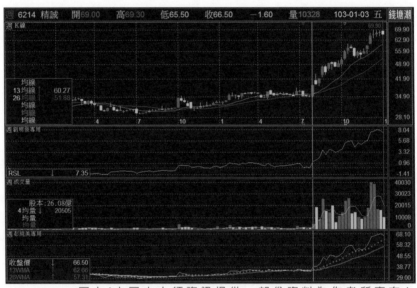

圖七(本圖由大師資訊提供，部份資料為作者所專有)

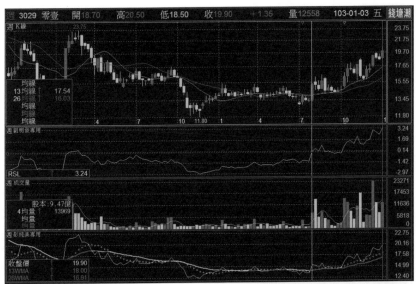

圖八（本圖由大師資訊提供，部份資料為作者所專有）

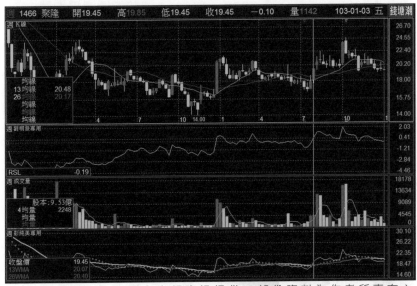

圖九（本圖由大師資訊提供，部份資料為作者所專有）

　　結果是，時間1030103，（圖七、圖八、圖九），我今天剛剛印出來的，紙張還有餘溫，精誠（6214）上漲了

33

近八成、零壹（3029）漲了近三成、聚隆（1466）則是原地踏步，勝負立判。你的結論是？從上圖到下圖好像有一條貫穿的直線，那是它們上次出現在「屠龍」的時間點……1020802……，五個月過去了，你的模擬操作準確嗎？

請看圖四、圖五、圖六：

三支股票相對強度線RSL（第二欄）根本上沒有很大的差異性，形態差不多，所以RSL這項重要指標算是三方平手。成交量？誰能出線？雖然它們都符合成交量的篩選門檻所以入選，但是內容還是有明顯的差距。

精誠（6214）週成交量 4573／1284 一週前的四週平均量
零壹（3029）週成交量 7575／1750 一週前的四週平均量
聚隆（1466）週成交量 4396／2023 一週前的四週平均量

用成交量來衡量，聚隆稍為遜色，雖然它只有兩倍多一點而已（上面表格都算好了），但這並不是非常重要，因為它確實符合我們的選股條件才出線的，然而它卻難以承受非常致命的一擊：突破當週的成交量竟然只比前一週的成交量多了兩百多張而已，在K線圖上沒有辦法吸引投資人的眼光聚集過來，這一點就讓它直接出局。要知道成交量是買盤是否熾熱的指標，股票是用錢疊起來的，要上漲就非量滾量不可。非常的重要再加重要！！所以聚隆（1466）打包了。剩下這兩支股票我們要憑什麼來決定誰出線？在我平常看的K線圖中我設定大約兩年半的期間，在這時間內其股價的變化都會顯示在其上。零壹（3029）其實也算一支好買賣的對象：1.RSL站上零線。2.成交量也夠吸睛了。3.股價站上26wma，26wma也順勢翻紅，突破之前的26wma也已走平。4.往上的最大壓力已遠在一年半之前，它是絕對可以買進的標的，它具備了一切正面條件，剛由第一

階段進入第二階段，它是長期投資的第一買點，也因為此處是屬於長期投資的第一買點，它常常會拉回，所以漲得慢一點應該是可預見的。相較於零壹（3029），精誠（6214）又不同了，零壹（3029）具備的條件它也一件都不少，更妙的是它的股價位置來到了一個處女地帶（請看圖四），你看兩年半內無人在此成交，它是兩年半內新高點，再往上只有獲利賣壓、沒有了虧損與攤平賣壓，走起來就再輕鬆不過了！當你晚上看到這樣漂亮的技術線路圖，請不要睡過頭了，要記得明天早上八點就要掛單買進！有時候它還會稍為停頓整理，那是忽然走高還有些人不太習慣它的相對高價而賣出的結果。精誠（6214）它唱起了周杰倫的——一路向北：「後視鏡裡的世界，越來越遠的道別。」，**越走越往上了**。其實，在這個時間點，它應該是屬於連續買進的標的，與零壹（3029）是處在不同的位置上的。你想知道（1020802）買了聚隆（1466）的人現在大概唱著什麼歌曲嗎？就是這首「股市這條路」……鄭華娟小姐作曲，潘越雲小姐主唱：

那會那會同款　「股市」這條路　給你走著輕鬆　我走著艱苦
那會那會同款　「股市」這條路　你攏滿面春風　我攏在淋雨

※哈哈哈！我改了兩個字。「情字」→「股市」，歹勢啦。※

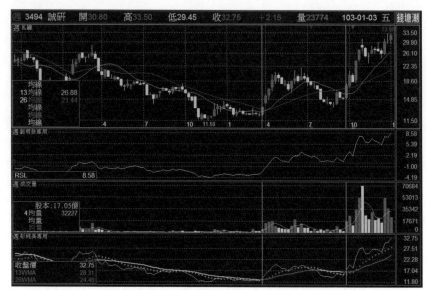

圖十（本圖由大師資訊提供，部份資料為作者所專有）

　　今天（1030103），這支我於15.60買進的股票，誠研（3494）到今天也確確實實的漲了一倍，（請看圖十），高興高興就好，賺錢不錯，不過我更喜歡那種成就感。我畫的兩條直線都是長線投資人的好買點，它們都出現在我的搜股條件「屠龍」中，我只是依照我的選股辦法買進而已，不看新聞雜誌，沒有內線消息。你能放這麼久嗎？讓賺錢中的股票繼續賺錢也是獲利的法門之一。現在先不去解析它，或許你會覺得K線圖看起來困難，讓我們一步一步來。展示這幾支股票是為了強化你對技術分析的信心而已，只要它是可以獲利的，我們就一直遵循它，不管你使用的是何種方法。相信我，這之後漲一倍以上的股票還會一再出現。

　　下面有一張技術線圖，我把它側放了，（請看圖十一），放大的目的就是要讓視力不太好的（就像我一樣）當我作解釋時也能看得清楚一點。本書往後的技術線

圖都採取同樣的技術指標。還好現在有彩色版的，我把
26wma、13wma 都設定成轉折向上或向下時顏色會改變，
這樣就清楚多了，這樣眼睛就省力多了。漸漸的讓我們以
共同語言溝通，後面還有一些技術用語要解釋。

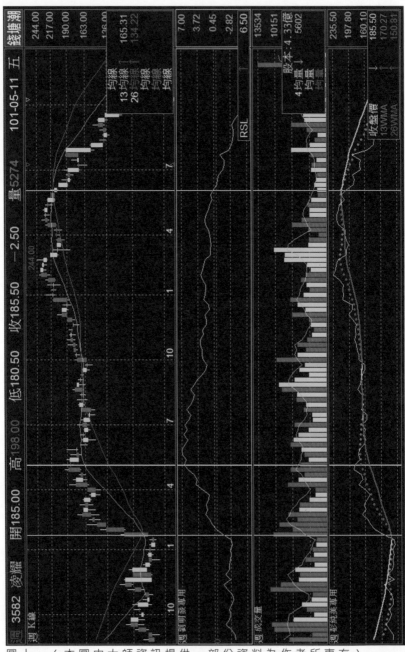

圖十一（本圖由大師資訊提供，部份資料為作者所專有）

為了配合大量技術線路圖來加深大家的印象，因此我決定下一章節全部以技術線路圖來顯示，強迫你去看K線圖，加強你的信念，所以在此就先稍微解釋這些個指標，以後應會再詳細描述，現在就開始讓我們以共同語言來溝通。

首先我要表明我沒有任何財經背景，我只是一個小鎮的小醫師。或許因為沒有任何的財經背景，所以我不太想去學那些我認為不會對我有多大幫助的技術指標。我不能給你整套的技術分析這些東西，那些東東我已經二十幾年沒用過，你如想在這裡看到它們，我只能說聲抱歉！大概我也忘光了。但是你可以放一百個心，顯現在你眼前的這些都是精華中的精華！經典中的經典！它們是絕對有效的！**我不是「技術分析者」，我離那五個字還遠著呢！**更何況一些所謂的技術分析人員所作的操作行為其實也真不敢恭維。**我只是一個喜歡遊戲於股市的技術分析愛好者，我確切相信技術分析絕對有效，但是別人的那些東西我又不喜歡，就是這樣而已。我相信我自己寫的！**第二欄、第四欄是我自己寫的技術指標！對於電腦，你要說我是電腦白癡我也不太反對，因為只要電腦一有小故障我就很擔心，那麼你就可以想像我寫這些圖文的困難度了……對我來講。真心希望我的想法、我的方式能對你有所幫助。

在這些技術線圖的右上角會出現「錢塘潮」、或者「大師」的字樣。我不是幫它們宣傳，只是K線圖上會出現這樣的字樣就是。我使用了大概三十年有了吧，它的最大優點就是可以自由自在的在上面塗鴉，寫錯了塗掉再來，也算是滿足自己的表演欲吧。還有，只要你那一段時間不想看，它就自動幫你延期，還蠻公道的。

　　第一欄就是所謂的Ｋ線圖，又稱為陰陽線（陰陽燭）、酒井線或者是蠟燭線，我都稱它是蠟燭線或直接稱它為Ｋ線圖，是反映價位走勢的一種圖線，相當易讀易懂且實用有效，廣泛用於**股票**、**期貨**、**貴金屬**等行情的技術分析，稱為**Ｋ線分析**。在台灣大概皆是以此型態出現，在美國網站還能顯示線形、欄柵形，有興趣者可去看看。

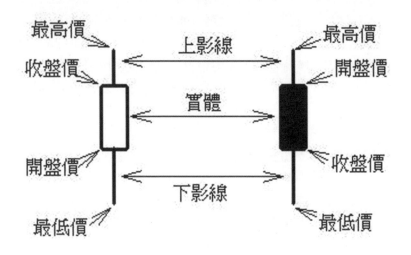

圖十二

　　在一根Ｋ線上（圖十二）可以顯示出開盤價、最高價、最低價以及收盤價，在Ｋ線圖的繪製上，相對於每日（週、月）行情的每一根線圖上，上影線的最高價位，即為當日（週、月）行情最高價位值的所在處；而下影線的最低價位，則為當日（週、月）行情最低價位值的所在處。中間的實體部份的二端，則代表著開盤價與收盤價位值的所在處，同時以**陰**（實心黑色，彩色版則為實心藍色）與**陽**（空心紅色，彩色版則為實心紅色）來表示收盤價位相較於開盤價是下跌或是上漲（圖十三）。　在Ｋ線圖

上，由於有了顏色管理的理念，因此比起 欄柵圖來，K線圖更容易看出行情的漲與跌來。甚至於可以針對K線圖上實體部份的大小變化，來研判當日（週、月）行情的氣勢與強弱度。

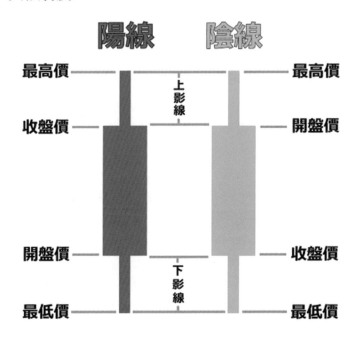

圖十三

　　陽線的上影線表示最高價和收盤價的差距，下影線表示最低價和開盤價的差距；**陰線**的上影線則表示最高價和開盤價的差距，下影線表示最低價和收盤價的差距。

　　K線的長短取決於**價差**，若開盤價和收盤價的差距越大，則實體部份就會越長，所以開盤價等於收盤價的**中立線**的形狀必定類似「一」、「十」、「⊥」、「丁」等文字。影線部份也是一樣的道理，價差越大影線就越長，無價差就無影線。

　　「一」，這種形態代表跳空漲停或跳空跌停。跳空漲停代表股票非常熱門，一開盤就以漲停價位開出，而且

賣家惜售，所以維持開盤價到收盤；跳空跌停代表排隊等著賣的人很多，但是需求有限，一路單一價位到底。「⊥」，收盤價＝開盤價＝最低價，上影線特長，顯示的意義是：多方反轉而下的前兆。「⊤」，收盤價＝開盤價＝最高價，代表著多方蠢蠢欲動了。「十」代表多空力道大概平衡。

　　在這套軟體的週期型態是從一分線到月線，很是齊全。分線圖形應是當沖的投資人所使用的技術分析工具，所謂「當沖」，就是「**當日沖銷**」（Day Trading）的簡稱。在股票操作中，有一項近乎「買空賣空」的信用交易模式，就是「當沖」，一筆「當日沖銷」交易，指的是在同一天之內，針對同一件投資標的，透過一買一賣（或者先賣後買）的方式，達成沖抵、結清、註銷交易的行為。投資人所以能夠賺錢，憑藉的是他在同一天對同一股票以融資融券的方式買進併賣出（包括先買後賣或先賣後買），以資、券相抵的方式（軋掉）來賺取差價，當股市熱絡、成交量大增時是很受大家歡迎的一種交易行為，尤其是成交量大的熱門個股當沖比率可能達到三成。在選擇權、期貨商品上也有這樣的交易，當然也為營業員增加營業額、為政府增加稅收。你不得不佩服採取這種戰略而成功的投資人。

　　較常用的應該是：日 K 線圖、週 K 線圖以及月 K 線圖。日線圖（圖十四）對短期交易者絕對是最佳的工具，藉著日線圖的幫助，這支股票（宇瞻科技 8271）也為我賺了一倍（加上股利）。

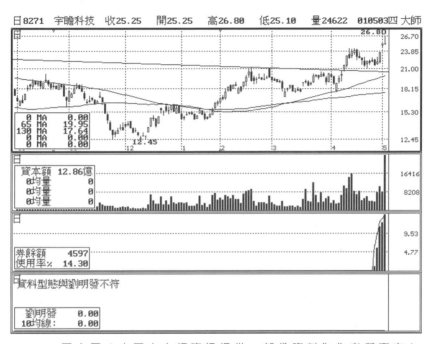

圖十四（本圖由大師資訊提供，部份資料為作者所專有）

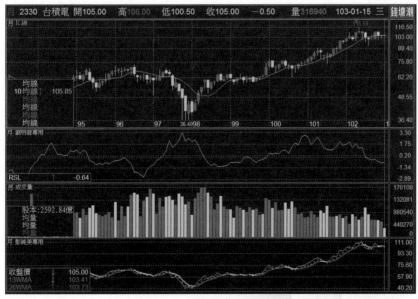

圖十五（本圖由大師資訊提供，部份資料為作者所專有）

　　上圖（圖十五）為月線圖，對於追求「數年」趨勢的真正長期投資人來說，它是絕對適合的工具。介於這兩者中間的就是本書最常出現的週K線圖，它是兩者的折衷。雖然日線圖、月線圖已經提供了足夠的交易資訊，但是對於中期投資人（數個月）而言，週線圖對於一些與股價息息相關的重要波動上所作的反應還是有其特殊價值，**週線圖比較適合中長期的投資人，當然極短線的交易者應該使用日線圖**。這三種線路圖都是絕佳的技術分析圖形，投資人皆可以各依所需而遂其所願。

　　將某段時間內的各單位時間下的K線綜合起來便可繪出**「K線圖」**，其**橫軸為時間，縱軸為價格**，橫軸、縱軸皆可調整。看週線圖形時，我大概把時間訂為兩年半（時間週期上我喜歡兩年的，但兩年的圖形看起來覺得不怎麼美麗）；縱軸（價格、刻度）亦可調整為等距或對數，就看你的喜愛。

　　首先應該先仔細的觀察每一條「開盤價－最高價－最低價－收盤價」的條柱。股票價位是整個圖形中最重要的構成因素，隨著時間的前進、推移，股票價格上下的波動，它總是會慢慢的形成某個型態，而給予我們下一段時間股價主要波動的線索與複雜豐富的蘊含。

　　在第一欄的左下角可以看到13均線、26均線，這是在週線圖（左上角有個「週」字）裡的13週移動平均線、26週移動平均線的意思。13、26這兩個參數是我設定、常用的，參數可依個人喜愛而改變，有時候我會將13改為10（如果我想做的較短線、較機動），26我倒是很少去改變它。錢塘潮這套軟體的移動平均應是屬於簡單算術移動平均（Simple Moving Average，**SMA**）是某變數之前N個

數值的未作加權的簡單算術平均。如為二十六週移動平均不過是本週五的收盤價和前面二十五個每週五的收盤價加總，再把加總值除以二十六，就會得出本週的二十六週移動平均值。

移動平均可撫平短期波動，反映出長期趨勢或周期，在技術分析上它是一項非常重要的工具，它能協助你同時留意短期與長期走勢。在市場的實際操作上，你可以發現移動平均是將主要趨勢平滑化，依靠它，使得每天、每週的上下激烈砍伐、瘋狂震盪也不易將你「洗」出場。移動平均的概念是由統計學領域應用而來，在技術分析上，**移動平均的作用可以引伸成四層意義：平滑作用（平滑化）、趨勢線、成本線及支撐與壓力**。股票成交價格如果處於26週移動平均線之下，則不考慮買進，尤其是當26週移動平均線仍處於下降趨勢時更是為真；反之亦為是：股票成交價格如果處於26週移動平均線之上，則不應有放空行為，尤其是當該移動平均線仍處於上升趨勢時更是為真。

對於一個**中長期投資人**而言，買進股票的最理想時機則是：**「股價向上突破壓力區，同時站上26週加權移動平均線，而該移動平均線不再處於下降趨勢。」**這裡的「不再處於下降趨勢」是有一點點彈性的，也就是不一定要處於上升趨勢中，只要該移動平均線不再劇烈下降而已經開始走平（符合上面的平滑化）都可符合條件，如果該移動平均線也已開始由負反正，處於上升趨勢中那就更美妙了。請你把上面這幾個黑色字體背得滾瓜爛熟！我請你把上面那幾個黑色字體背得滾瓜爛熟！當你看技術線路圖時，腦筋想的、嘴巴唸的就是這幾個字，然後把這幾個字印上第一欄的K線圖，看它是否符合，符合這樣的條件就是上選，這可是嚴選。這是基本條件，後面還會加上第二、三以及第四欄的條件。我想當你看完第二章節K線圖之後應該就記牢它了，沒有太多東西須要你去記憶。如果

我使用這樣的強迫記憶法你還是沒辦法記住它，那我真的也沒法度了。平庸的老師說教；好的老師解說；更棒的老師示範；偉大的老師啟發。只不知我是那一位？

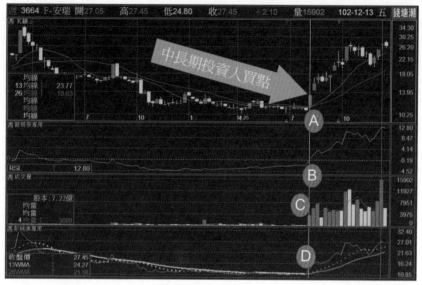

圖十六（本圖由大師資訊提供，部份資料為作者所專有）

　　上圖（圖十六）中長期投資人的買進點：我畫出來的那條白線屬於中長期投資人的投資買進點，當你看這張K線圖的同時你已經開始背誦了嗎：股價向上突破壓力區，同時站上26週移動平均線，而該移動平均線不再處於下降趨勢。白色直線左邊一週的股價還在26週移動平均線之下，突破後站上該平均線，而該移動平均線不再處於下降趨勢（第四欄可看得更明顯，顏色反紅向上、翻揚）。就是這樣！在網路上看K線圖很方便，如果你有電腦便可移動時間（橫軸）來比較，這樣會更清楚。當你下班回來看到這樣的圖形，就K線圖而言，隔天一早一定要記得遞單買進（當然能符合第二、第三欄的關卡就更好，這我們後面會提及。）！

　　短期買賣的投資人的理想買進點則是：**等待股價在新的交易區間盤整過後→移向移動平均線附近→再向上突破壓力區的時刻**。特別有利可圖！而短期買賣的投資人對於股價位於移動平均線的要求稍微嚴格一點：**交易價格必須處於26週移動平均線之上，且該移動平均線必須正處於「上升階段」**，比較兩種投資人（中長期、短期）對該移動平均線的不同戒律，不能模稜兩可，這點絕不能妥協。如果你是屬於短線操作者，請務必記牢它，這樣才能真正的加速你的獲利。

　　下圖（圖十七）短線投資人買進點：第一欄右側第一、第二條我畫上去的白線都合乎短線投資人的買點……漲過一段之後，等待股價在新的交易區間盤整（藍色框框），漸漸的移向移動平均線附近（日線圖、週線圖都相同），在它向上突破壓力區的那一時刻（最好挾帶巨大的成交量，如A、B兩點）……一面看圖一面要記住上面的黑色字體，**注意它們都挾帶巨量（第三欄A、B兩點）突破壓力區，兩個突破點的量都蓋過之前任一週的量，這是判定突破是否成功的重要指標**。在本書後面我會把這個買賣點也推荐給中長期投資人，因為那個時候已較少由第一階段底部區域突破進入第二階段的長期投資買點可買，我把它定義為第二階段行進間的買進點。左邊那兩條白線所處的價位都合乎長期投資人的買進點（後面會解釋第四欄的顏色變化）。

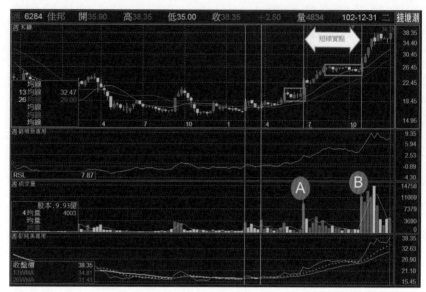

圖十七（本圖由大師資訊提供，部份資料為作者所專有）

　　對於移動平均線應該有概念了：請記牢，「絕對不可」買進一支股票……不管從它的基本面看來它有多便宜，或者最近跌幅有多深……只要它是在二十六週移動平均「下降」趨勢線的下方交易。最好是「想都別想」！成交價格正給你真正明確的訊息，這顆蘋果內有蟲！相反亦同，不論股票本益比有多高或者最近漲幅有多大，只要它是在二十六週移動平均「上升」趨勢線的上方交易，就請「絕對不可」放空該股，也是最好是「想都別想」！

　　在第一欄內還有一項要知道的：長期背景。因為它是可以日、週、月互換的，只要你變動它你就可以窺見目前的價格跳動是置於歷史股價內之何處。圖七，精誠（6214）已經給了這樣的概念，當它於週K（兩年半）突破之後，顯示該檔股票上方不會再有「不賠就好」的賣盤，它已經來到一個處女地帶，在賣盤減輕之下，股價走

勢自然就輕盈，股價一再創新高，短期內上漲一倍，這種獲利的模式絕對不是巧合，更非偶然。相反的，當股價在圖形上創下新低時，則是非常危險與絕對空頭的模式，你可想像上面全是套牢賣壓。為什麼在之前一直強調二十六週移動平均「上升」，「下降」趨勢線？當股票一直下跌時，交易價就一直在二十六週移動平均下方進行，所以才會一直拖著移動平均線往下移動，想想看在它的下方交易多危險？過去有數不清的股王最後都剩零頭了，當時買相對便宜的最後都變成非常貴了。我們絕不會因為相對賤價才買進，只要它是在二十六週移動平均線下方，它都不便宜！雖然只看過幾張K線圖，到今天為止，你也應該要有要買相對高賣相對更高這種觀念了，這是專業手法。要在股市繼續獲利、過的輕鬆你必須學一套與別人不一樣的操作方法。當別人說它很便宜的時候，你必須先看看K線圖，如果它位於二十六週移動平均下方，它就不便宜，或許還很貴喔。下圖（圖一八）23.50上市，一路漲到320.00，然後開始下跌，跌破23.50後（跌到這裡還不夠慘嗎？），下方已不再有任何支撐，你知道會有什麼事情發生嗎？答案是：「3.92」。

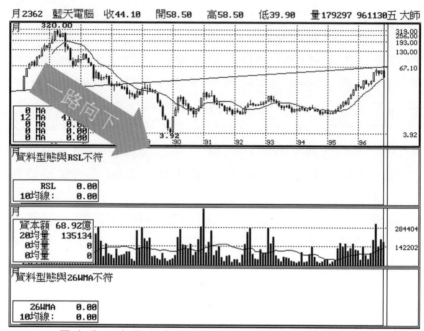

圖十八（本圖由大師資訊提供，部份資料為作者所專有）

　　你必須**捷足先登**、**與眾不同**、或**出類拔萃**，如果你滿足其中一項，你可能會成功。

　　RSL（Relative Strength Line）相對強度（弱）線。第二欄就只有這一項技術指標，這是我看過別本書後所想的主意、我兒子威慶的認真搜集資料以及我女婿明勳的計算公式構想，最後經過幾次的修改讓它跑得更快，我們完成了它。別處一定看不到的技術指標。

　　總的來講，這講的是某一支股票相對於整體市場的表現。如果某一段時間內甲股票上漲十個百分點，而在相同時間內的整體市場卻上升二十個百分點，雖然甲股票也上漲，但其相對強度表現卻是較整體市場差的。反之，如果乙股票下跌十個百分點，而整體市場平均卻下跌二十個百

分點，乙股雖然股價下跌，但其相對強度卻為佳。相對強度的公式是以股票價位除以整體市場平均價位。

　　以後還會提到它，現在先概略述說。因為它是一條相對強度線，所以如果這支股票的相對強度不佳，就顯示出該股與整體市場的比較是屬於表現拙劣的，也就是就目前這一階段而言，該股是屬於相對弱勢的。因此，只要這一條線處於下降趨勢，縱使它的價格有所突破，也請「不要」考慮買進該股。相反亦同，如果相對強度線處於上升趨勢，就請不要考慮放空該股，即使它的股價向下突破亦然。在中間的地方有一條紅線（橫向），我們稱它是「零線」（zero line）。相對強度線另外一個重要應用是觀察它由負值區（零線以下）進入正值區（零線以上）的情況，這是一個有利的訊息，對你的獲利將有所幫助。相反情況也是同樣道理，當股價向下突破，伴隨著相對強度線進入負值區（零線以下），這個時候不論股價從基本面來看多麼便宜，我們也明確將其視為空頭情況，小心足下！

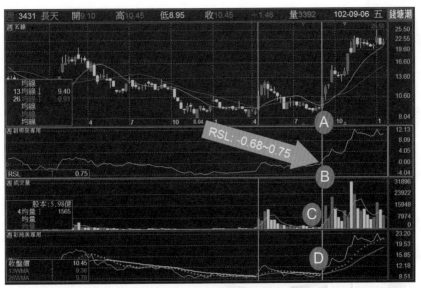

圖 1.19（本圖由大師資訊提供，部份資料為作者所專有）　　51

　　圖1.19，長天（3431），看看右側那條垂直紅白線，股價向上突破壓力區，同時站上26週移動平均線，而該移動平均線不再處於下降趨勢（第四欄，二十六週移動平均線其實已變紅（上升）了），成交量看起來好像不是很大，但它也確實符合我們的條件。更棒的是相對強度線恰在此時巧妙的爬上正值區（零線以上）（0.75），上週相對強度線還在零線之下（-0.68），好了，所有有利條件皆俱備！量合乎條件、價站上二十六週移動平均線、二十六週移動平均線也已上揚以及相對強度線由藍變紅而立於零線之上，諸條件無一不備！先生，這不是你點的餐嗎？你還要再等待什麼情況出現才肯遞出買單呢？一路向北！千山萬水我獨行，不必相送。它的上漲絕非巧合！更非偶然！

　　現在請你往回看一下圖一六吧，F-安瑞（3664），垂直白線的位置，成交量量足夠吸引你的目光了吧？收盤價位站穩二十六週移動平均線之上、以及二十六週移動平均線也已上揚，這三項均符合我們的選股條件，它已是具有「將被買進」的資格的候選人之一，第二欄的相對強度線也悄悄地站上了零線（0.28），賓果，賓果，前一週相對強度還是負值（-2.09），相對強度線一週要漲這麼多非常不簡單，除了你要強還要加上別人弱才能有這種結果，利上加利更有力，四欄都符合條件，它疾呼你買進，不要猶豫，這種股票怎能不買？還要等它用轎子來抬你？明天一早記得以市價漲停板掛進，用跑的不要慢吞吞的走。這種圖形以後你還是會常常看到！它也是一樣會繼續的提供你傲人的成果，條件是你要先能認出它來！請問它是巧合還是偶然？

　　請看下圖（圖二十），晶豪科技（3006），這是最最經典，經典中的經典的K線圖之一，它也為我賺了二倍以上，我買進價格是37.95，已經多少年過去了，這個價位一直沒忘記，因為它是突破之前週五的漲停板價。還有，告訴你一個小心得，多放一點點心在週五強勢、漲停、爆出巨大成交量的股票，因為那些操作手知道大家都會利用週末的時間來挑選股票，週五不漲更待何時？它就是要漲給你挑！那個週末我一直在想，下個星期這支股票一定會有什麼事情發生……結論是：收盤價47.00、相對強度線（RSL）來到2.43，然後一路向北，一直漲到149.50……。它是一張漂亮、難得一見的技術線路圖，與凌耀（3582）一樣，都有資格收入技術分析的教材殿堂裡。它慢慢盤了一個難能可貴的頭肩底（HASB），突破頸線之前的相對強度線還是在零線之下（－0.14），突破當週（白直線、綠色箭頭）的相對強度線更是巧妙的穿越零線來到了2.43，為了讓你能夠看清楚相對強度線由藍變紅，我特別把那段白線省掉了，以免蓋住了相對強度線而使你看不太清楚，這樣應可讓你看得更明白，你可以拿起尺來對齊白線之後上下比看看，看看那相對強度線剛好站上零線的英姿！結論是：**當趨勢突破或線型改變時，如果相對強度線也恰好於此時爬上零線，這是利多，非常有加分作用。**

　　在追求品質的競賽中，那裡永遠沒有終點。如果我們不能挑選最具漲相的股票來買進，我們將無法一再地提升我們的獲利。所以我們只能要求自己更精進，因為在股海中保證會有無盡的挑戰，我們必須時時刻刻先勇於挑戰自己。你我不可能永遠正確，其實也真的沒有必要永遠正確，只要遵循我們這套方法，正確的百分比自然會很高。各種方法都可能有人會成功，遵循一套獲利比更高的好方法，然後一貫的使用它，非常有紀律的守著它，只要它能

規律地擊敗市場。請絕對遵守紀律，千萬不要放棄一個成功的好方法，只因為你認為這次情況可能有所改變。

　　在所有情況下永遠保持冷靜且不受影響，可以帶給一個人莫大的優勢。就這點，技術線路圖與人的比較，當然是技術線圖佔盡優勢，它無憂、無懼、不貪婪、不會情緒化，知曉得失，進守有據。技術分析……它是我們投資人的好朋友。好好珍惜它！讓我們進步、進步、再進步。

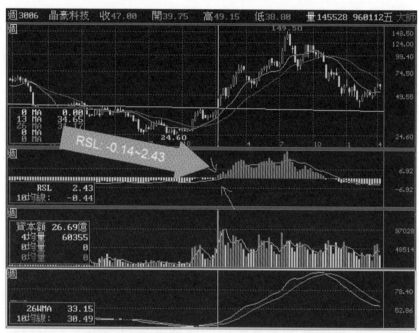

圖1.20（本圖由大師資訊提供，部份資料為作者所專有）這是
　　　　　　　　　　　　　　　　　DOS版，RSL可互變。

　　如果相對強度線與剛才的情況恰恰好相反，由紅（正）、（零線之上）變成藍（負）、（零線之下），又會是怎麼樣的一個情形？

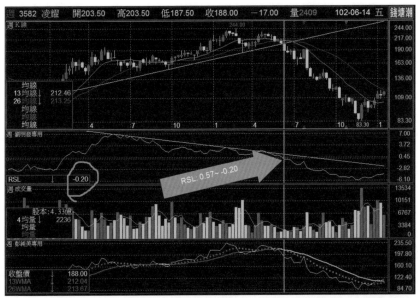

圖1.21（本圖由大師資訊提供，部份資料為作者所專有）

　　上圖，圖1.21，眼尖、認真、用功的讀者應該會認得它吧，是的，它曾經在本章節出現過，凌耀（3582），圖2也是它，只是畫上去的線因這裡的需要而有所改變而已，這支股票的K線圖值得你花時間去研究它，看越久、越透徹、受益也越多。「相反情況也是同樣道理，當股價向下突破伴隨著相對強度線進入負值區（零線以下），這個時候不論股價從基本面來看多麼便宜，我們也明確將其視為空頭情況，小心足下！」……這一小段是上面我們剛開始介紹相對強度線時所寫的，現在請你看看圖 1.21，就要發生什麼事情？圖中垂直白線的位置，當股價跌破趨勢線（第一欄所畫的斜線，請你看清楚了，那是一條碰觸三點的有效趨勢線！）的同時，相對強度線（第二欄）也於此時滑落到零線之下，正式進入負值區（-0.20），上週還在正值區（0.57），雖然它們的相對強度線在轉變為負值之前，股價已經有相當的跌幅，可是一旦相對強度線掉落

入負值區，它們接著又出現更為嚴重的下跌！如果此時伴隨重要型態改變更是為真！就像此圖跌破有效的趨勢線，跌勢一發不可收拾。這就是此圖為什麼再次出現在這裡的原因，因為它是那麼的重要！值得你我再次看看。

在這張技術線路圖上，你也可以發現我畫上去的兩條斜線，股價還微幅上揚（第一欄），但是相對強度線（第二欄）已反轉向下（向下趨勢線形成），股價即使再創新高，相對強度線也不隨著它起舞，兩者已經產生背離的現象，此時你要相信相對強度線，精彩的、重要的還很多，以後再講了。

感謝再感謝！！

關於電腦我真的是十足的門外漢，這支相對強度線（RSL）我花了兩年多的時間才寫成，可知我花費了多少心力 。寫寫擦擦，擦擦寫寫，即使我那麼認真的摸索，如果沒有我兒子威慶的積極幫忙搜尋資料以及我女婿明勳的電腦公式意見，我也一樣沒辦法寫成，真的非常謝謝他們的幫助！你知道剛寫好時放在大師資訊上跑一支股票的時間是多久嗎？整整96秒！翻頁要看另一支股票又是96秒，再換股又是96秒，我的天啊，受得了才怪。一改再改，軟硬體都改，即使還是一樣不是很相容，但是現在跑起來已經比以前快好多了。希望對你有所幫助！讓你的選股正確率提升，也讓你的獲利能力大大提高。

第三欄顯示的是**成交量**，成交量是指在某一時段內具體的交易數量。它可以在分時圖中繪製，包括日線圖、週線圖、月線圖甚至是1分鐘、5分鐘、30分鐘、60分鐘圖中繪製。市場成交量的變化反映了資金進出市場的情況，成交量是判斷市場走勢的重要指標，只要你曾經買過股

票你大概就知道成交量的重要性！這是一個須要專心討論的重要課題，一旦學會如何辨識這個能夠透露玄機的線索之後，你便有足夠能力分辨那個可能是具有爆發性的大黑馬、那個可能只是曇花一現的普通股。參與買賣股票的投資人，其對股價偏高或偏低的評價越不一致時，成交量就越大。相反的，其評價越一致時，則成交量趨小。前者意味著多空雙方意見分歧較大，短兵相接，股價乃具有較大幅度的漲跌；後者為多空雙方看法略同，操作較不積極，股價漲跌幅度也將很有限。

　　有什麼好理由來說明為什麼成交量訊息確實能有效運作？**「成交量是買方力道強弱的衡量指標！」**這就是我們的答案、理由！雖然我們可能永遠都無法發現、確知為何成交量十分重要的理由。但是只要你瀏覽、研讀過夠多的技術線圖，便能說服你自己去相信成交量對於確認關鍵性突破具有關鍵性的作用。看過夠多的技術線圖之後，你會發現股票可以因為本身的重量而下跌，然而卻需要很大的買盤力道才能驅使它的股價上漲。即使你之前從沒接觸過K線圖，就算到目前為止你也僅僅接觸過前面那幾張技術線圖，你也應該稍微要有點成交量的概念了，為什麼「每一支」我們想要買進的股票我都有提到成交量合乎我們要求的條件，偏偏只有圖二十一，凌耀（3582）這支展示下跌的股票我沒有提及成交量要合乎條件的要求，是我忘了提及嗎？不是這樣的。我們對於成交量的觀念就是：**永遠不要相信一個未伴隨著成交量巨幅增加的向上突破，而向下突破不需伴隨大成交量即可視為有效。**「股價是用錢堆砌而成」就是這個意思。你可能要花費相當的力氣才能滾動一個圓石上山；但是只要你放開它，它便可由其自己本身的重量凝聚相當的下降動能。拉起來都要用力，放下來都很輕鬆。在股市其理也同，所以股價下跌時不去強調成

交量的重要性，靠它本身的重量就足夠它跌了。

　　股市有句俗語說：「新手看價（股價）、老手看量（成交量）」，就是說新手投資股票時，只會關心價格的高低而來決定要買或要賣；但投資老手則會進一步從成交量的變化，更精準的判斷行情的起伏，以作為買賣之依據。**「量先價行」**這句話更是眾所周知，它一樣也點出成交量的重要性。成交量的應用廣泛且複雜，投資人不必急於一時全學會，但可以先建立基本的認知，有助於股市投資。臺灣證券交易所總是會公布交易總金額前二十名的名單，交易總張數前二十名的名單，他為什麼不公布倒數前二十名的名單？其理至明！股票要上漲必須錢滾錢，其結果就是收盤後你發現成交量增加了，它吸引了投資人的眼光，（就像是行銷打廣告吸引你的眼光是一樣的），再來還是錢滾錢，股價還是繼續上漲，直到有一天買盤不再進來……或許投資人認為漲太多了、或許投資人認為量太大了、或許投資人認為…太…了、股票市場總是有太多的或許……，股價一旦失去了動能，它就開始下跌或盤整，由此可知成交量的重要性。

　　經典的股市投資或投機的理論都認為成交量是不會騙人的。這句話我大致同意但還是有一點點小意見的，操盤人如果右手丟、左手接怎麼樣？我們只能說成交量有變化時一定暗藏某種玄機，重點是投資人如何去剖析、解讀。請你不要忘了2013這個「假」年才剛剛過去半個月而已，大老闆可以在造假之後還在媒體上大聲說做生意要有「良心」的話，養尊處優的醫師娘、從不曾下田的大老闆也一起擠在那裡領「假」老農津貼，「假」殘障圖免牌照稅的優惠，什麼都能吃、就是不吃虧？，米酒可以沒有米？如果你以為假的產品、事件只有揭露出來的這些而已，那你就真的比我更像犬儒了。如果愛心沒有了愛，那又成何景

象？真相是：沒有什麼東西不能假，即便是假也能假。不要認為成交量不能假，真相就是成交量也能造假，須要投資人你自己認真、細心的分析，不然你就真的要吃虧。

　　於突破時我不尋求一個隨機的數字，比如4.56倍或6.54倍於其過去數週的平均成交量。但是電腦是死板的東西，所以你會看到「4均量」的字樣顯示在圖形中，你會看到一條綠線橫亙於參差不齊的成交量柱狀體中，那條線就是四週成交量平均線，那是我要參考的過去四週成交量的平均值（往左移動一週就可顯示本週的前四週成交量平均值）。綠色代表開盤、收盤同一價，紅色是收盤大於開盤、藍色是收盤小於開盤。對於成交量我所在意的是：**單週成交量至少是其過去數月平均成交量的兩倍（越高越好）**，或者過去三、四週的平均成交量至少是過去數週平均成交量的兩倍，同時**突破當週的成交量必須放大**。如果你採用日線圖而非週線圖，則突破**當天的成交量至少是前八天平均成交量的兩倍**，也是越高越好。不論確實數字是多少，如果突破發生時成交量未明顯放大，那麼就要避開該股，儘快獲利了結。永遠不要相信一個未伴隨著成交量巨幅增加的突破。

收盤價、13WMA、26WMA：

　　第四欄的左下角可以看見這三行字。收盤價與第一欄的收盤價數目一樣，是一樣的東西，只是讓它顯示在這裡，以便與13WMA、26WMA就近比較如此而已。在說明第一欄K線圖時就曾言及錢塘潮這套軟體的移動平均應是屬於簡單算術移動平均（Simple Moving Average）、SMA，是某變數之前N個數值的未作加權的簡單算術移動平均，亦即每週相等權值的計算方式。

　　簡單算術移動平均當然有它的方便。但是我個人認為

這樣不太合理，你怎能要求這週的價位與二十幾週之前的價位在移動平均線裡所占的份量、比重一樣？不合理。因此我就想用加權移動平均來代替簡單算術移動平均，以作為我分析時的工具。

　　加權移動平均（Weighted Moving Average，WMA）指計算平均值時將個別數據乘以不同數值，在技術分析中，n日WMA的最近期一個數值乘以n、次近的乘以n-1，如此類推，一直到0。也就是近期的遠較早期的權數大（加權）。我寫了十週加權移動平均、十三週加權移動平均、二十六週加權移動平均。後兩者較常用，就像圖形中所顯示的。我個人經驗，加權移動平均對目前的股價波動較敏銳，而且會較快的反映反轉，那當然是加權所造成。加權移動平均的缺點是它們會導致較嚴重的上下波動圖形，但是由於它是一條長期移動平均，因此它的訊息還是十分清楚。日線圖我不建議使用加權移動平均。平常看技術線路圖，我還是喜歡加權移動平均，如果你也是大師資訊的使用者，你也可以寫看看，比較一下，或者先看看我展示在書上的比較比較，我的經驗是加權移動平均總是比較快出現買賣點，很好，真的很好，這就是我們上面所說的它會較快的反映反轉。依我自己使用經驗，它有時會快上一至二個星期，本書中所講的、指的都是第四欄中的加權移動平均，我已不習慣用第一欄中的簡單算術移動平均線。

　　現在來寫書就像上面所寫的一樣，如果是兩年前寫的就鐵定不是這樣了。什麼是SMA、WMA？之前我那也知影伊是什麼東東，二十幾年前我寫好這個公式的時候，很有成就感，我就是給它個簡稱「WMA」沒有錯丫，加權平均，把它翻譯成英文然後簡寫、簡稱就是這樣嘛WMA。我一直使用錢塘潮，我那時候不知道外面也有WMA這個東西。大約兩年前，證券行讓我看一套免費的

軟體，裡頭的移動平均線有三種計算方式，代號分別為SMA、EMA、以及WMA，那時候我不懂它們代表什麼意義。隨便你設定，然後它依你所選擇的計算出不同的數值，非常方便。起初我看見它上面WMA的時候也沒有什麼反應，可能只是簡稱一樣卻是不一樣的事物。反正計算公式是我自己想、自己寫的，代碼簡稱也只是單純從英文取用而已，沒有想到其他的，更沒有想到它們可能是一樣的計算公式，因為到那時為止，這一章節前面所寫的SMA、WMA是代表什麼，我確實不知道。我沒有財經背景，電腦更是菜鳥一個，不會去想那麼多。直到有一天，我把證券行那一套軟體的移動平均線參數改成與我寫的公式參數一樣，嘿，乖乖，敢有這種代誌？數值完全一樣！再試另一支股票，還是一樣。哈！原來「我的WMA＝AMW的他」。只是在該套軟體，它是相容的，所以幾乎不用計算就顯示出來，對大師資訊來講，我寫的公式是外來物，所以每次翻頁時都是……RSL計算中……13WMA計算中……26WMA計算中，要等它計算完。我可以在它計算的短暫換幕時間內小飲一口咖啡，也不錯啦。就在知道兩者計算出的數值都是一樣的那一剎那，我之前的成就感去了一大半，不過代之而起卻是有一點點的高興，原來有其他人的觀念是跟我一樣的，而且設定的係數、參數都一樣，計算出的數值完全一樣。早知道有這種東東可用又何必自己辛辛苦苦地去摸索，唉。接下來就是到網路去搜尋SMA、EMA、以及WMA……看看它們到底是代表什麼？然後才有今天的資料可以寫。哈哈，糗事一樁。

　　在進入更多的技術線圖之前，有一些技術線圖的技術用語也屬於我們的共同語言，必須先明白，那也是共同語言之一。借用下圖：

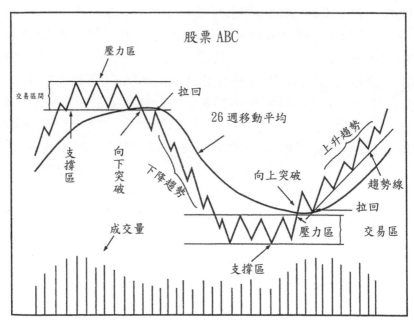

圖二十二

　　首先對圖二十二稍作瀏覽，就你目前所知道的，先
嘗試去掌握這個模仿圖形對你的意義以及你對它的瞭解程
度。先掌握某個名詞的意義，慢慢思考，只研究模擬圖形
中與定義有關的部分。一次研究一個定義，不要貪多也不
用急。完全沒有必要企圖一次就把所有的定義記憶下來。
股市天天開門，不用急。對某一些投資人來講它可能是一
種完全陌生的語言，沒有關係，它們也只是中文字體而
已，你都認識它，甚至有些名詞、術語都已在新聞播放中
聽得耳熟能詳，請你慢慢來，只要你漸進地研讀出現在你
眼前的模擬圖形，該圖形就會慢慢的對你產生某種意義，
以後它就是你的分析工具。漸漸的，你也會覺得自己已經
是一個技術圖形的分析老手。

二十六週移動平均：

　　我們在實際技術線圖的第一欄、以及第四欄都曾提及二十六週移動平均線，請參考之。不管多頭、空頭它都是一項非常重要、實用的技術分析工具。我們採用二十六週加權移動平均線作為大部分股票交易的依據。

交易區間：

　　在這圖形中顯示有兩個交易區間。它的一般定義是：在某一段時間內某種金融交易工具在市場上所創出的最高價和最低價所包含的範圍之統稱。有高價、低價才會有區間，這是買賣雙方進行交戰後短暫的休息、中立地帶。當股票處於上升趨勢中，買方當然比賣方的火力強，因此才造成股價的上漲，反之亦然，賣方的力量較買方大，則會造成股價的下跌，所有的金融交易工具市場都是一樣。但是在所謂的交易區間裡，雙方勢均力敵，戰火零星，如果有較激烈的戰爭往往都發生在支撐地帶（下方）與壓力（上方）地帶邊緣。價格往往就在阻力部位和支撐部位之間擺盪，最後在某一個方向離開或突破這個區域。技術分析師一般很重視價格是否突破先前建立的交易區間，因為突破交易區間或許也同時預告了未來的走勢。當然，形態可以呈現微微的上傾趨勢或下滑態勢，不必像模擬圖形中這麼樣的工整。

支撐區：

　　下跌趨勢很有可能穩定下來的區域，經過一段時日的盤整，之後可能反彈、回升（或許是暫時性的）、或者跌破支撐趨勢線又開始另一段的下跌。為投資學技術分析名詞。但是請注意，不要像很多技術分析師一樣，把它視為一個點。我們的標題：支撐區。實際上它是一個區域或

地帶。因為支撐會被多次的測試，連結多點後有可能形成一條支撐線，最後支撐線同時也會是趨勢線，這意味著這條趨勢線至少有兩次試探同一價格反轉點。每一條支撐線又稱為抵抗線，是技術圖形分析的重要方法，是指當股價跌到某個價位附近時，股價停止下跌，甚至有可能還有回升，這是因為多方在此買入造成的。從供給與需求的角度看，「支撐」代表了集中的需求，是股價上供求關係的變化。在此圖中還是可以看到兩個支撐區。在技術圖形分析上，跌破支撐區絕對底部的價位時，對技術分析而言是有非常負面的意義。支撐被測試的次數越多，測試的時間越久，一旦防線（抵抗線）最後被突破時，其所代表的負面意味越濃厚。

壓力區：

　　在此圖中也是可以看到兩個壓力區。壓力又稱為供給，兩個名詞在投資學技術分析名詞中可以互用。它是上漲中的股票很可能遭遇（或已經遭受）抵抗、麻煩（至少是暫時性的）而且發生轉進（也有可能是暫時的）的區域。與支撐區相似、相反的情況也都會在這裡發生。將K線圖中兩個波段的高點相連而成的線，我們可以稱它為壓力線，又稱為阻力線，它也可成為趨勢線。壓力區被測試的次數越多，測試的時間越長，一旦壓力線最後被突破時，它所透露的多頭力道越強。對技術圖形而言，走勢突破壓力區上限代表極佳的多頭訊息。從供給與需求的角度看，「壓力」代表了集中的供給，是股價上供求關係的變化。不管是上升趨勢或下降趨勢，沿途都會有密集的支撐區或壓力區出現。

向上突破：

當股票價格站立在壓力地區上限的上方時稱之。也就是突破壓力趨勢線，繼續往多頭方向前進。猶如在支撐區、壓力區的說明中所說明的，股價在壓力線下方停留越久，則最後的突破越具正面意義。而且，當向上突破成功時，如果成交量增加越多，其所蘊藏的多方韻味更濃。（圖二十四、圖二十五）。

向下突破：

與上面的向上突破恰恰相反，亦即股票價位甩破支撐區的底部而來到其下方。當股票價格貫穿支撐區的絕對底部，也就是穿透支撐趨勢線續往偏空方向邁進，這時就稱為向下突破。與向上突破時不同，向下突破不一定要巨大成交量，即使量未暴增也視為成立。股票它會以它本身的重量下跌，當然量越大後勢看跌成分越濃。（圖二十六、圖二十七）。

拉回：

圖中也有兩個拉回點。股票向上突破交易區間而向前繼續挺進之後，通常至少會有一次的獲利回吐賣壓，將股價往剛突破的之前的壓力趨勢線靠近，進行小整理。這是理想的第二次買進機會（加碼），如果拉回時成交量急速減少更是理想。相反情形，當股票跌破支撐區向下繼續滑落之後，股價往往也會有至少一次的向之前的支撐區反彈（逼近向下跌破的水平）的情形。如果這種拉回發生而且伴隨著很小的成交量，這是放空該股的理想賣點。

趨勢線：

因為支撐（壓力）會被多次的測試，連結多點後有可能形成一條支撐線（壓力線），最後支撐線（壓力線）

65

同時也會是趨勢線，這意味著這條趨勢線至少有兩次（兩點才能成線）試探同一價格反轉點。連接股價波動的高點的直線為下降趨勢線，連接股價波動的低點的直線為上升趨勢線。但是一條趨勢線與一條「有意義」的趨勢線差別非常大！**一條有意義的趨勢線至少會被碰觸三次**，也就是至少要有三次去測試反轉點！請往前翻，圖二十一，凌耀（3582），再看看股價突破之前該上升趨勢線被碰觸三次，當上升趨勢線被測試三次以上，該線即可被視為有意義上升趨勢線，一旦遭突破，有可能其走勢就像你看到的這張K線圖。請看下圖，圖二十三，鑫創（3259），該下降趨勢線也被碰觸了三次，代表有意義，突破之後股價一路走高，這種突破代表主要趨勢的改變。向下突破一條有意義的上升趨勢線肯定是具有絕對負面意義的，如圖二十一；向上突破一條有意義的下降趨勢線則屬多頭行情。在圖二十三中間那條垂直線所顯示的位置也是符合我們「屠龍」條件的買進股。一條有意義的趨勢線至少會被碰觸三次，也就是至少要有三次去測試反轉點！每支股票的「漲停板」依其所處的位置對該股票的貢獻度、重要性都不同。相似的，即使同樣是趨勢線，意義、價值也有所不同，趨勢線的斜率越大，其向上或向下突破的意義便變小。一條非常陡峭的趨勢線即使被突破，或許可能僅僅意味著該股票只是不能再以先前的速度前進，或許它的速度會變緩慢，或者它須要小歇片刻，意義不很大。但是如果趨勢線接近水平，一旦它遭到向下突破時，其所蘊含的負面意味就大多了。

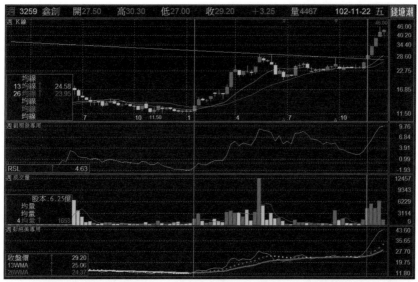

圖二十三（本圖由大師資訊提供，部份資料為作者所專有）

　　相反的情形也成立，一條下降斜率越陡峭的下降趨勢線，即使遭到破壞，其多頭意味也很淡，它可能表示僅僅會以較緩慢的速度下降而已。一樣的，當一條較接近水平的下降趨勢線被突破時，其多頭意味就相對濃厚了。

　　最好的多頭訊息是當一條重要趨勢線被向上突破，緊接著在數天之內，其長期移動平均也被克服；也就是股價先突破一條重要趨勢線，然後數天之內股價又立於長期移動平均之上，短期內長期移動平均也跟隨著反轉向上，這是標準的多頭訊息！相反地，最具負面意義的是當一條重要趨勢線被向下突破，緊接著在數天之內，其長期移動平均也被破壞；也就是股價先突破一條重要趨勢線，然後數天之內股價也立於長期移動平均之下，短期內長期移動平均也跟隨著反轉向下，這是標準的空頭訊息！

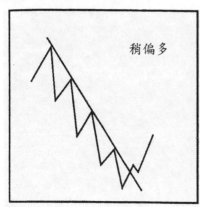

圖二十四

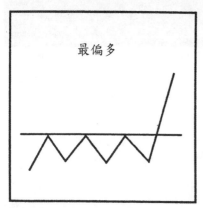

圖二十五

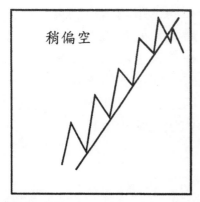

圖二十六

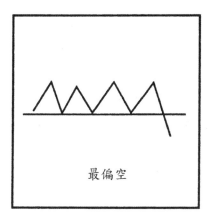

最偏空

圖二十七

　　一樣是突破下降趨勢線，圖二十五比圖二十四是具有更為有意義的多頭突破；一樣是突破上升趨勢線，圖二十七比圖二十六的負面意義濃厚多了。五根手指頭永遠不會等長，每根漲停板也不會有等同份量，突破趨勢線的意義更是差卡多，空頭、多頭都一樣。

上升趨勢：

　　簡單的說，當一支股票的股價高點一高比一高高，低點也是一低比一低高，這樣形成的系列稱之為上升趨勢。該系列維持的時間可從數週至數年。請參閱圖二十二。

下降趨勢：

　　與上升趨勢恰恰相反。當一支股票的價位一高比一高低，一低也比一低低時構成的系列稱之為下降趨勢。同樣的，該系列的維持時間也是數週至數年。請參閱圖二十二。

放空：

　　又稱做空，賣空，與多頭相對，指投資人在手中未擁

有股票的情況下，向券商借入股票賣出。放空通常是在預測、期待市場行情將下跌時的操作手法，在股價較高時向券商借入股票之後賣出，在股價較低時再從市場買回股票還給券商（如果預測成真），賺取其中的價差。這是最常被誤解與不常使用的技巧，放空因以市場下跌獲利，給人「以他人的損失獲利」的負面印象，但放空股票其實仍有正面意義，放空人最後仍須補回，它會幫助止跌或助長漲勢。投資人應勇於嘗試。我常問一些投資人，為什麼不敢放空，好多答覆都是「天無蓋，地有底」那一老套……它的意思是說漲可以到無限，所以放空危險；做多跌下來最多也是到「零」而已，天啊，這是什麼邏輯，胡扯！一大票股王跌得只剩零頭，這跟有沒有底有差異嗎？與做多一樣，他們使用了錯誤的方法來參與空頭股票的買賣，就是如此而已。另外，當我想放空的時候常常借不到券，實在有夠懊惱，現在來講這當然跟證券商有關，但是，能不能在那年那月那日希望能設計出一套想放空就有券可借的辦法來。善莫大焉！

　　好了，在你閱讀過每一個定義之後，你我的共同溝通語言橋樑已搭起，現在你已擁有可資運用的技術分析知識。就請再回頭看看圖二十二，再次研習。你現在對該圖的看法應該更深入了，它對你也應該更具不同的意義。**「夢想無極限」**，但請從基本功做起！對某些投資新鮮人而言，如果往後你一時忘記了某一名詞的定義，就請再翻回來看看，或許每次看的收益層次都會不同。

　　這就是你能夠順暢、有利地閱讀一張K線圖所需知道的一切。雖然有關技術圖形分析還有很多內涵要學習，可是你剛剛學習了高報酬的閱讀課程。就以這些簡單但有用、實用的重要工具，從現在起，就讓我們以追蹤技術線

圖的方法來通往更具有獲利方式的未來。

這是真實世界：

稍微應用你學習的新知識：

財政部長張盛和4日（2013.12.04）赴立法院財委會報告，有立委質疑台北房市恐面臨泡沫化危機，對此，張盛和坦言，從房價所得比高、租金投報率低來看，台北市在房市泡沫各指標中已有部分符合，換句話說，台北市房市的確已有泡沫化危機。這是報紙媒體的新聞，我們不談個別地區的房價，只注意整個房地產市場。早在這則新聞見報大約兩個月之前，有一天早上有兩個來看診的病患與我們兩位護士小姐聊起房地產聊的很起勁，等病人走後我們護士小姐問我說：房地產價格會不會下來？我當時的說法是：一些經濟數據我都不懂，但是如果從股票市場建築業的股價表現來看，房價一定會下來。財政部長講的那些數據一個我也不懂，但是我們可以從K線圖的表現來推論它。長虹（5534）、冠德（2520）、勤美（1532）早早就在我的空單陣容中，勤美（1532）於43.10要放空時還借不到券，不是要拼成交量？長虹建設沒有賺錢嗎？不是如此。請看下圖它的營收累計：

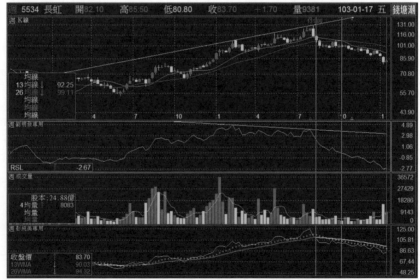

5534 長虹建設		盈餘統計(月報)			市價：82.00		
日期	累計營收	累計盈餘	較去年同期	毛利率	股東報酬率	每股淨值	稅前EPS
102-11	78.27						
102-10	75.58						
102-09	75.53	51.08	73.23	68.78	50.11	38.68	20.53
102-08	73.36	49.91	83.82				20.06
102-07	71.96	49.57					19.92
102-06	70.70	49.04	1872.70	69.96	49.12	37.93	19.71
102-05	70.68	49.17					19.76
102-04	70.02	48.87					19.64
102-03	69.95	49.03	2326.91	70.39	40.13	48.86	19.71
102-02	69.93	48.94					19.72
102-01	69.91	48.96					19.73
101-12	98.92	55.03	128.04	65.36	40.19	52.63	22.18
101-11	60.57	38.33	90.60				15.46
101-10	55.45	34.59	93.32				13.95
單位	億	億	%(盈餘)	%	%	元	元

圖二十八

　　財報水噹噹！為什麼股價在台股悶了兩年之後出現難得一見的一段小漲幅中，它反而缺席，股價還直直落，蘋果裡面果真有蟲？！

圖二十九（本圖由大師資訊提供，部份資料為作者所專有）

　　股價還在微幅上升時（第一欄斜線），（請看圖二十九），成交量、相對強度線都已不說讚了，一黑週K線穿透二十六週移動平均線之後（左側白直線），宣告進入第四階段，當相對強度線進入零線之下（右側白直線），股價下滑速度變快了。這應該就是房地產的後市，房地產價格不滅是房地產業者形塑的神話，請大家千萬別當真，聽聽就好。

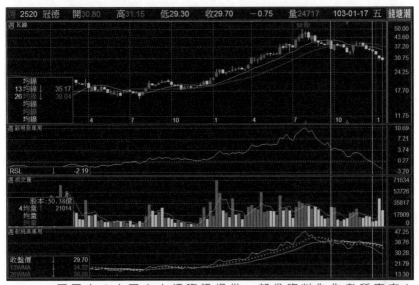

圖三十（本圖由大師資訊提供，部份資料為作者所專有）

　　冠德（2520）的K線圖也是一樣，（圖三十）。左側白直線一根長黑週K線股價貫穿二十六週移動平均線，正式進入第四階段，右側白直線，相對強度線進入零線以下，股價再往下走一段。我們不用、其實也不會，我們也沒有什麼數據、資料，但這就是K線圖！

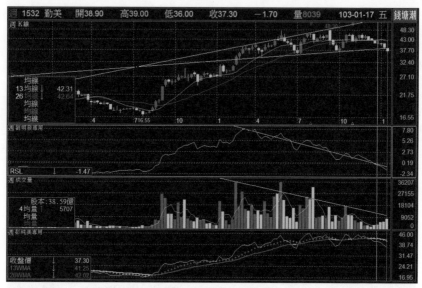

圖三十一（本圖由大師資訊提供，部份資料為作者所專有）

　　勤美（1532），卡到一點點營建的邊，（圖三十一）。第一欄上面那一條斜線沒有特別意義（股價還在上漲），只是為了與相對強度線對照方便而已。之前股價跌跌撞撞的上升，但是相對強度線早已不表態支持，兩者早已背離！右側白直線是相對強度線穿透零線的位置。

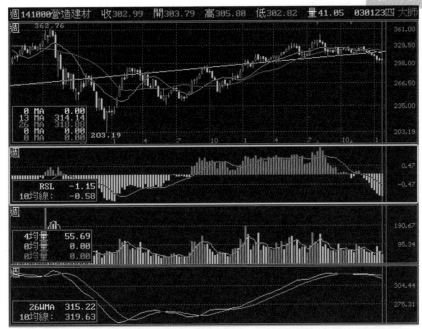

圖三十二（本圖由大師資訊提供，部份資料為作者所專有）

　　這不是個股出問題，而是整體類股的環境出問題，請看上圖（圖三十二），營造建材（141000）。這絕對不是一個健康類股的走勢。

　　「**一眼勝過千萬盈餘預測，軌跡呈現一切**」，這不是什麼節日的聳動口號標語，它是一個有效的市場哲理。舉凡有關公司所有的一切，它都會反映到K線圖上來。意義即為所有公司的相關資訊，包括公司盈餘，新產品，管理及其他……基本分析資訊……這些目前已知的與**未來關心的資訊**，都已經反應到股票價位上，而顯示在技術線圖中。只要是金融商品，就得遵守金融商品的遊戲規則，它講究的是供需關係，一旦關係改變，也就是趨勢改變之時。

　　股市是景氣的領先指標！房價又將何去何從？

第二章 萬丈高樓平地起

「我從不教我的學生；我只試圖提供能讓他們學習的條件。」——愛因斯坦 (物理學家)

　　這一章節我還是決定先全部用技術線圖來顯示，看它會不會能先強化你的「圖形印象」。畢竟，對股票市場以後的操作那是最實在的。有了第一章節的理論，看起技術圖形不會吃力的。如果你不習慣，又或者你現在看起圖形來覺得很吃力，那也沒關係，就把這一章節先跳過，等你認為你可以輕鬆吸收了再回來看也可以。我一直強調無論買賣資訊來自何處，做出買賣決定之前一定要回頭看看技術線圖，就讓我們從這一章節開始，希望它能深植你腦海中，一看到類似技術線圖就能馬上反應。我也希望你慢慢看，先摸索、歸納它們的相同成功之處，獲利一定可以複製。技術圖形絕對道盡一切！我一直無法理解，很多投資人都看過其他著作者的書，為何買賣起來還是一樣的結果？道理安在？著作者有問題？讀了沒吸收？貪婪與恐懼作祟？知易行難？只是不知那一環節有問題。我不希望你看過本書之後，還是照常發生以上的問題。有了前面一章的介紹，看起本章來應該會感到輕鬆的，請多注意我在上一章節對圖形的解說。圖形會告訴你一切，把它當漫畫、連續劇都無所謂，只是你要更用心，重點是你下一次在不同的技術線圖（不同個股）上看到相類似圖形的時候，請你多用一點心思研究研究。

　　社會上有所謂的名牌，有人也認為它可以炫耀身

價。在股市，你別以為它是「名股」就不假思索的一頭栽進去買它，也請不要對它產生了錯誤想像以及不切實際的期待，請不要以為買了名股以後它就會自動鍍金。可惜的是，股市沒有這一套，它講究的是時機（買賣點）、是趨勢（多空頭）。我們只選擇看起來會漲的、隱藏厚利在其中的可能會漲的個股，以及充滿動能欲展翅高飛的個股，其他的不是我們所要的。藝人楊丞琳小姐的絕佳經典廣告台詞「酸Ｖ啊酸Ｖ」應該都聽過吧，台灣的水果中，土芒果、鳳梨與番石榴（拔Ｙ）都有這種「酸Ｖ啊酸Ｖ」風味，但是也不是一年四季都可品嚐到如此絕佳的口味，鳳梨只有在四至五月（國曆），下過一兩場小雨後才會有那種酸Ｖ阿酸Ｖ的風味，即使這樣，也不是每顆鳳梨都會有此口味，還得要你會挑選才行，其他時間的鳳梨平淡無味；番石榴（拔Ｙ）約在十一月中至十二月中（國曆），一兩次寒流過後才有那種味道，即使這樣，也不是每粒番石榴都一樣好吃，一樣還是要你自己會挑選才行，其他時間的番石榴平淡無味；台灣的土芒果風味之佳，又豈是那些喜歡吃芒果冰的人能想像的。這跟股票有關嗎？當然有。水果要挑在時令上（電腦挑股），而且你還要會挑（自己從電腦挑出的股票中篩選出漲相最佳者），只吃那最好的，把不好吃的留給別人，因為你已吃過最好吃的，幹嘛還去吃次級品來留下壞印象。一樣的，買股票我們只選買漲相最佳者，把次級品留給別人吧。

　　常會聽到這一兩年的台灣股市大盤確實很悶的論調，國際股市悶的也不只我們吧，但其實也不必在那兒恨天怨地，股市即使就算像大部分人所講的一樣悶，機會還是隨時會出現，太多的個股都在你我的懶散中溜失了。如果股市變成這是以後的常態，那你怎麼辦？本章節所選個股都是近一兩年的，除了這些，漲幅夠大的個股不知有多少

數目？它們的漲幅都不錯，太多機會了，機會處處在，加油。

　　還有很多個股也漲的很好，只是它們沒有出現很明顯的符合我們選股的條件而已，之前就講過，股票會依不同的方式漲跌，如果能以我們的方法出現，那就是我們要的。

　　比如圖2.1，宇瞻科技（8271），因為是新上市不久，所以無法顯示相對強度線作為選股參考，但由技術線圖中的量價結構來看它也是屬於買進的標的，它也為我賺了一倍。圖2.2，美律（2439）雖然中間那條垂直線也合乎我們選股的條件，但是我懷疑我會選擇它，因為前面成交量太凌亂了，但是它就是能漲的那麼棒，所以我常說各種方式都可能漲，就依循你認為會成功的方法。不要以為這次或許不同而捨棄它，一貫性非常重要。

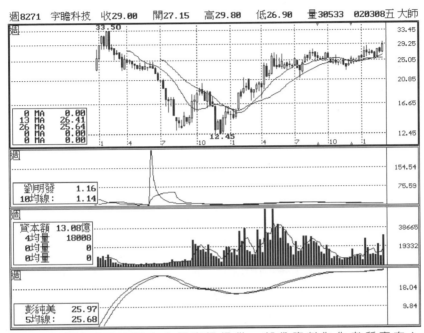

圖2.1（本圖由大師資訊提供，部份資料為作者所專有）

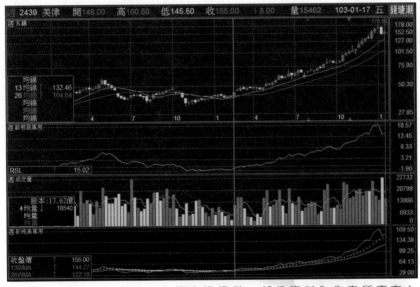

圖2.2（本圖由大師資訊提供，部份資料為作者所專有）

　　股票那麼多，到底要如何選股呢？以下是我自己的方法，或許也適用於你，不妨參考一下，省時又方便，缺點是疏漏在所難免，因為是電腦選的，它是制式的。我使用「大師資訊」幫忙選股，它最大的好處就是可以塗鴉，我不知道別家軟體是不是也有此功能？它的優點很多，使用超過三十年了吧，我還是偶爾會想去寫一些公式，有用的沒用的都好。首先你要先寫幾個選股的公式（幾個多頭、幾個空頭），每天下載完資料之後就讓電腦的選股公式去跑，等它跑完了，你什麼時間有空想看都可以看，建議你的是：盡量找清靜的時間才去看股票的技術線圖。這是初選、是海選，是電腦依你的設定的公式篩選出來的股票，等於是筆試，接下來才是面試階段，那才是考驗你自己的時刻。股市行情好的時候，電腦選出來的股票數目一定超多，你如果不想看那麼多支股票，可以將選股條件變嚴格一點；反之，如果股市行情不是那麼強，達標的股票就變少了，你如果想多看一些股票，這時可將條件放寬。因此你所看到的我的選股條件，即使名稱一樣，精神一樣，但有時其條件會有嚴鬆程度的不同。

　　舉例來看，請看圖2.3，1020116，這是初選（電腦）符合「量奔放」搜尋公式的名單，之前一再強調，同條件、同位置不一定等質量，所以一定要經過你自己的篩選（K線圖）。

量奔放					潛力股搏幕		合格家數: 20		1020116
編號	證券名	代碼	收盤價	週漲%	週量	W/n1四	日成交量	D/n1八	26WMA	RSL
1	旭　品	3325	16.15	4.28	2212	2.01	2623	6.34	15.16	0.47
2	力　旺	3529	64.50	3.82	3456	1.16	3135	5.74	61.54	-1.08
3	如　興	4414	9.70	2.11	1710	0.71	1939	6.39	9.09	1.96
4	精　星	8183	5.97	2.08	874	2.36	1086	5.17	5.10	-1.37
5	新美齊	2442	7.78	1.52	1163	1.04	929	4.46	6.90	-0.12
6	偉詮電	2436	12.70	0.85	4987	1.33	4655	4.60	11.49	-1.87
7	啓　碁	6285	49.80	0.62	6191	0.59	10736	8.45	48.28	-2.35
8	卓　韋	3629	10.35	0.55	296	1.28	702	6.07	9.97	-4.73
9	金山電	8042	39.30	0.40	1393	1.03	2766	7.86	36.65	-0.03
10	百　一	6152	26.70	0	4102	1.58	4475	5.11	26.09	-0.16
11	日電貿	3090	20.75	-0.24	725	1.73	947	7.00	21.04	-2.82
12	聯　傑	3094	18.95	-0.58	1298	0.78	3771	7.43	16.60	-1.09
13	亞　泰	4974	32.30	-0.65	817	0.61	2098	11.04	31.64	-1.40
14	台　苯	1310	6.70	-0.79	26154	2.29	27875	6.56	7.88	0.06
15	楠梓電	2316	13.40	-0.81	1666	0.96	2081	5.52	12.60	-1.30
16	泰　林	5466	11.25	-0.93	8637	1.70	9843	5.27	10.35	-0.99
17	同　亨	5490	26.15	-1.23	771	1.81	1137	6.51	24.88	-2.29
18	連　宇	2482	11.15	-3.33	444	0.91	865	9.11	10.61	-0.48
19	閎　暉	3311	54.00	-3.37	4775	0.94	8667	7.46	50.26	-2.97
20	和　進	3191	7.96	-3.60	228	0.42	1474	9.16	7.32	-1.19
<INS>設定	<F5>重新計算		<ESC>離開						錢塘潮

圖2.3資料為作者所專有

　　每支股票一定要經過K線圖篩選，圖2.4，1020118，搜股條件「週量奔放」亦同，兩張篩選單中畫橫線的偉詮電（2436）是經過肉眼（一定要經過K線圖）選擇後的名單。

週量奔放				潛力股搜尋			合格家數: 7		1020118
編號	證券名	代碼	收盤價	週漲%	週量	W/n1四	日成交量	D/n1八	26WMA	RSL
1	旺 玖	6233	15.20	14.80	7664	10.01	4472	9.35	13.04	0.04
2	金山電	8042	40.90	8.44	9538	7.04	3620	4.18	37.02	1.03
3	偉詮電	2436	13.20	11.36 ✔	28081	9.53 ✔	5472	1.61	11.60	-0.63
4	太 極	4934	14.55	12.71	63544	6.10	13834	1.45	10.63	0.93
5	直 得	1597	53.80	16.08	7892	0	1369	1.35	13.36	-10.00
6	福 華	8085	5.61	24.24	12662	14.27	1910	1.31	4.19	2.10
7	旭 品	3325	16.40	7.32	8875	6.83	1327	1.17	15.29	1.59

`<INS>股序　<F5>重新計算　<ESC>離開`　　　　　　　　　　　　　錢塘潮

圖 2.4 資料為作者所專有

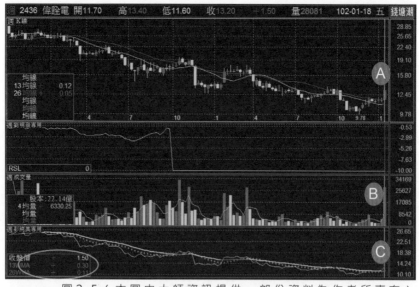

圖 2.5（本圖由大師資訊提供，部份資料為作者所專有）

　　圖2.5，偉詮電（2436），你如果於此時推薦別人買
這支股票，很多很多人都會認為它已經漲一小段而不敢買

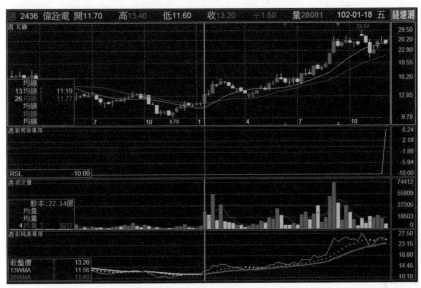

了，從今天起，那個人不是你，你要以訓練過的專業眼光去探索它。它才剛剛聚集能量（成交量），恰恰在暖身而已，前途未可測，但該具備的條件皆有了，量奔放，符合條件，股價位於二十六週加權移動平均線之上，二十六週加權移動平均線也翻紅向上。下圖，圖2.6，偉詮電（2436），這是經過了一段時日之後的偉詮電。下圖中的紅白直線即為上圖的篩選日。

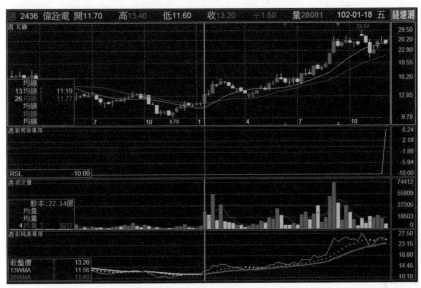

圖2.6（本圖由大師資訊提供，部份資料為作者所專有）

下圖，圖2.7，這是另一搜尋公式「屠龍」（1020712）的搜尋結果。看到圖2.7上的W/N1四＝42.40真的嚇一跳，擎天一柱！「W/N1四」是：週成交量÷一週前的四週成交量平均值的意思，量價齊昂。請看圖2.8，光隆（8916），不敢想像，幾乎所有利多齊集一身：寬廣的底部、量奔放（42.40倍！！）、股價高高的立於二十六週加權移動平均線之上，二十六週加權移動平均線也適時的翻紅（股價一週漲那麼多，不紅也難，記得我們所採用

的是加權平均）、更妙的是相對強度線也由負值站上零線
（-0.54→1.42），是否記得前面所講得利上加利更有力？
帥呆了！一路向北 ！請看圖2.9，這絕對是一支貨真價實
的全壘打。就是這樣，由電腦先篩選，我們再加以認證，
如此而已。

屠龍					潛力股搜幕			合格家數：21		1020712
編號	證券名	代碼	收盤價	週漲%	週量	W/n1四	日成交量	D/n	26WMA	RSL
1	網 龍	3083	55.90	8.41	2227	2.31	1022	4.40	54.08	-1.62
2	信昌電	6173	10.90	8.99	3465	3.64	2751	17.66	10.52	0.02
3	德 勝	8048	15.00	9.33	828	3.11	405	5.09	14.02	1.26
4	普 誠	6129	8.83	2.27	1416	0.91	803	2.94	8.78	-0.59
5	天 良	4127	24.35	2.05	4197	0.63	1992	3.03	24.11	-0.04
6	寶利徠	1813	47.20	9.32	7330	3.00	1710	1.55	45.47	0.80
7	台 蠟	1742	18.10	8.29	610	0.90	274	3.89	17.73	1.68
8	光 隆	8916	25.85	19.54	14163	42.40	5916	5.59	21.43	1.42
9	光 鼎	6226	6.06	11.55	6113	2.80	1373	1.62	5.68	0.88
10	神 隆	1789	72.00	2.78	5826	0.97	2838	3.75	70.47	0.51
11	杏 輝	1734	38.00	8.16	15723	2.46	6097	3.68	37.04	1.57
12	永 光	1711	21.05	1.19	5441	1.12	1957	2.85	20.86	-0.11
13	富邦金	2881	41.20	8.50	271272	2.12	121863	2.72	40.60	1.45
14	遠東銀	2845	12.45	3.21	16414	2.51	1676	0.70	12.19	-0.02
15	聯邦銀	2838	11.35	2.20	8142	2.02	1389	1.00	11.34	-0.15
16	F-美食	2723	182.50	12.05	862	2.26	303	2.39	174.80	-1.83
17	世紀鋼	9958	12.60	5.95	6325	3.36	1301	1.59	12.43	0.24
18	瑞 智	4532	27.75	4.32	10715	0.81	3612	2.33	27.41	0.78
19	F-亞德	1590	162.00	9.57	3238	2.32	1122	3.22	155.79	-0.37
20	車王電	1533	18.45	9.76	775	3.60	489	9.10	17.04	-0.01
21	F-再生	1337	85.60	6.54	6174	5.25	2302	3.82	80.42	-1.11
<INS>設序	<F5>重新計算	<ESC>離開								錢塘潮

圖2.7（本圖由大師資訊提供，部份資料為作者所專有）

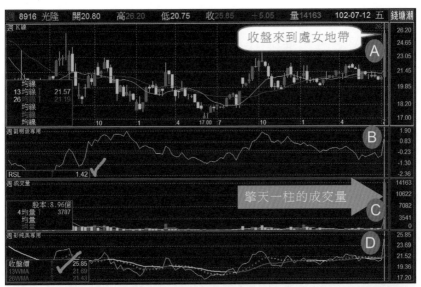

圖2.8（本圖由大師資訊提供，部份資料為作者所專有）

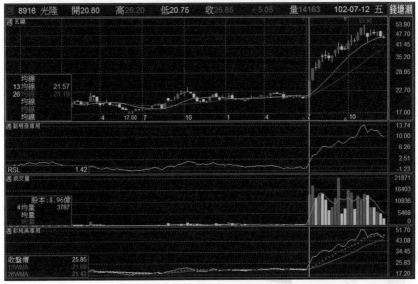

圖2.9（本圖由大師資訊提供，部份資料為作者所專有）

　　我們就顯示一些符合條件且漲勢不錯的個股供大家參考：

　　你要思考、要歸納，這是絕對可以複製利潤的。我不會每張技術線形都加以說明。裡面圖形大部分是「屠龍」與「量奔放」，其他的有利圖形後面會提及。

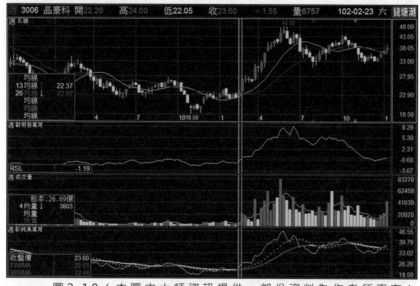

圖2.10（本圖由大師資訊提供，部份資料為作者所專有）

　　上圖，圖2.10，晶豪科（3006）。左直線屠龍，右直線量奔放，皆符合篩選條件。

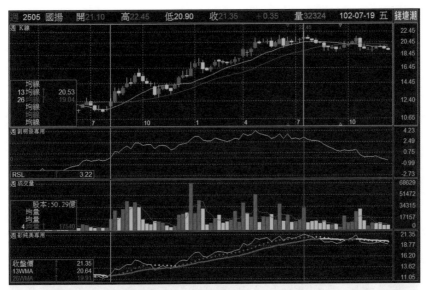

圖2.11（本圖由大師資訊提供，部份資料為作者所專有）

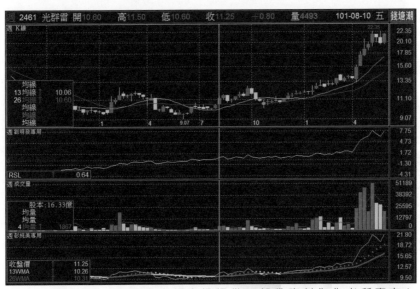

圖2.12（本圖由大師資訊提供，部份資料為作者所專有）

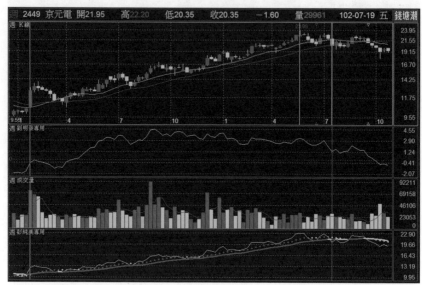

圖2.13（本圖由大師資訊提供，部份資料為作者所專有）

　　你看技術分析線路圖時要注意的是：股票價位位於何處？相對強度線RSL處於何處？成交量表現如何？突破前、突破時與突破後的成交量各是如何？二十六週加權移動平均線表現如何？股價處於其上或其下？它開始翻揚向上了麼？

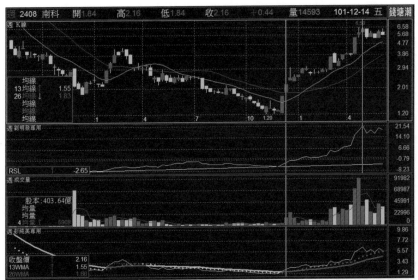

圖2.14（本圖由大師資訊提供，部份資料為作者所專有）

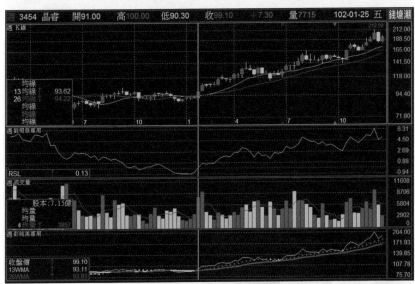

圖2.15（本圖由大師資訊提供，部份資料為作者所專有）

　　所有的股票皆由這四個欄位決定入選與否：K線圖，相對強度線RSL，成交量以及二十六週加權移動平均線。

趨勢線、壓力線的應用不包括在本章節中。

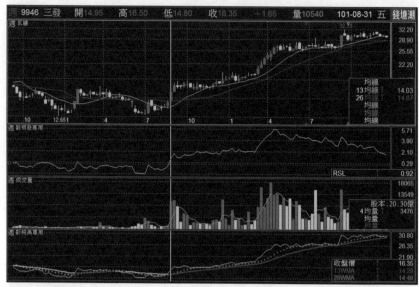

圖 2.16（本圖由大師資訊提供，部份資料為作者所專有）

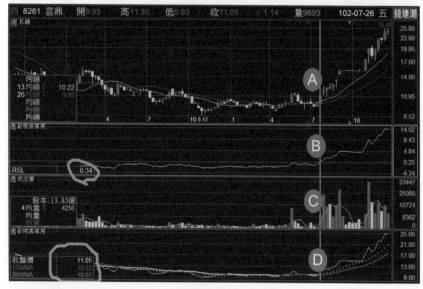

圖 2.17（本圖由大師資訊提供，部份資料為作者所專有）

　　成交量符合篩選標準？相對強度線RSL站上零線？
二十六週加權移動平均線翻揚向上？收盤價位於其上？
A、B、C、D四點代表什麼？左側綠色圈圈什麼意義？

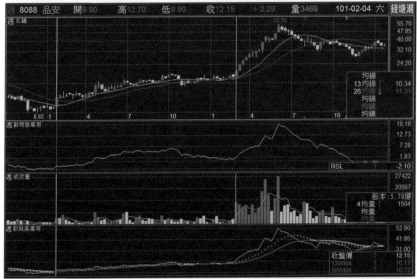

圖2.18（本圖由大師資訊提供，部份資料為作者所專有）

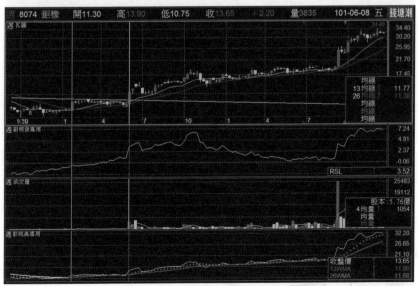

圖2.19（本圖由大師資訊提供，部份資料為作者所專有）　　91

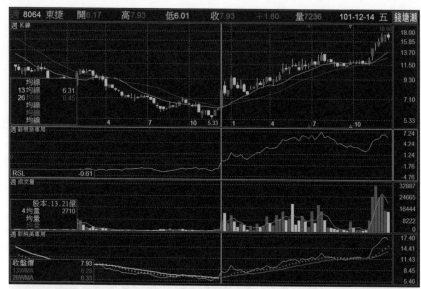

圖2.20（本圖由大師資訊提供，部份資料為作者所專有）

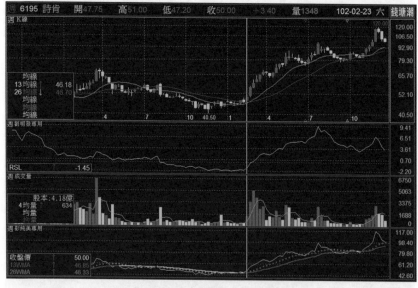

圖2.21（本圖由大師資訊提供，部份資料為作者所專有）

由於彩色印刷的關係，很容易就可看出二十六週加權移動平均線翻揚向上（第四欄位）。

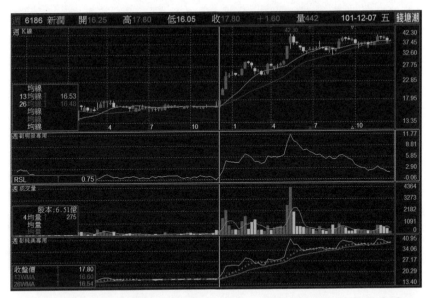

圖2.22（本圖由大師資訊提供，部份資料為作者所專有）

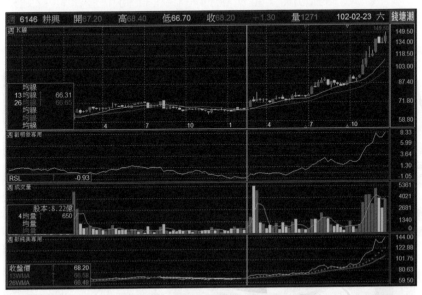

圖2.23（本圖由大師資訊提供，部份資料為作者所專有）

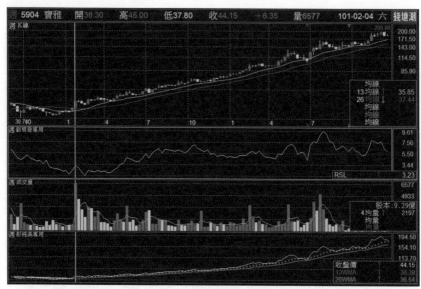

圖2.24（本圖由大師資訊提供，部份資料為作者所專有）

　　擎天一柱的成交量。任何時候、任何位置當你看到這種一柱擎天的成交量，你都該給與特別的關心。它絕不是你我這些小咖能玩得出來的。

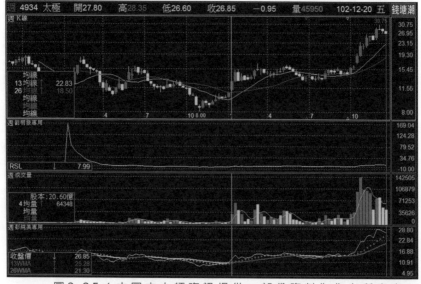

圖2.25（本圖由大師資訊提供，部份資料為作者所專有）

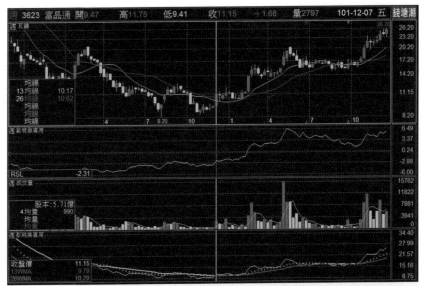

圖 2.26（本圖由大師資訊提供，部份資料為作者所專有）

　　二十六週加權移動平均線翻揚向上會變色很不錯喔，眼睛不會那麼出力了。

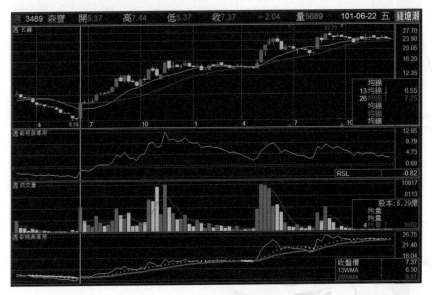

圖 2.27（本圖由大師資訊提供，部份資料為作者所專有）　　95

底部暴量、K線長紅，絕對是有利於股價正面的。

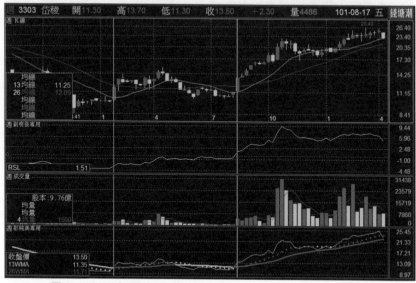

圖2.28（本圖由大師資訊提供，部份資料為作者所專有）

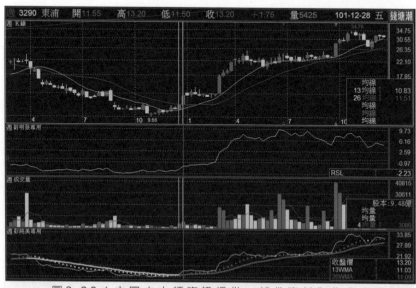

圖2.29（本圖由大師資訊提供，部份資料為作者所專有）

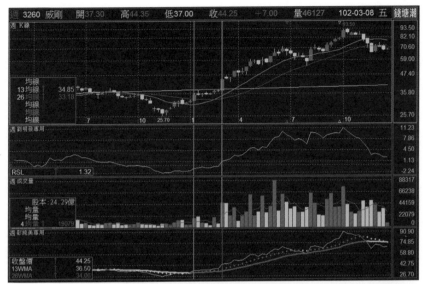

圖2.30（本圖由大師資訊提供，部份資料為作者所專有）

　　左直線「屠龍」；右直線「量奔放」。都符合選股條件。

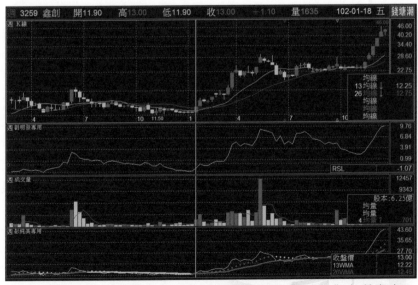

圖2.31（本圖由大師資訊提供，部份資料為作者所專有）　　97

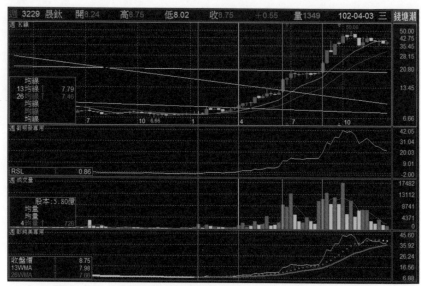

圖2.32（本圖由大師資訊提供，部份資料為作者所專有）

　　很亂嗎？等你清楚我畫的線它所代表的意義，你就不
會覺得它很亂。

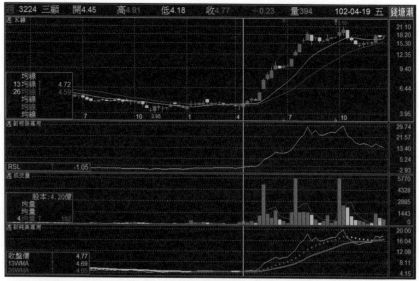

圖2.33（本圖由大師資訊提供，部份資料為作者所專有）

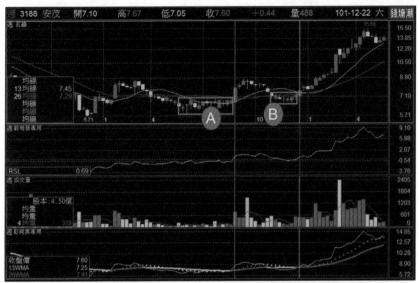

圖2.34（本圖由大師資訊提供，部份資料為作者所專有）

　　左側直線，依「屠龍」、「量奔放」篩選條件進場的人，即使股價拉回很深，它們都還沒有「停損」的問題，這個以後會提到我們的規則。像這種型態的勝利技術分析線路圖也超多。B區股價要立於A區之上。右線屠龍再現蹤。

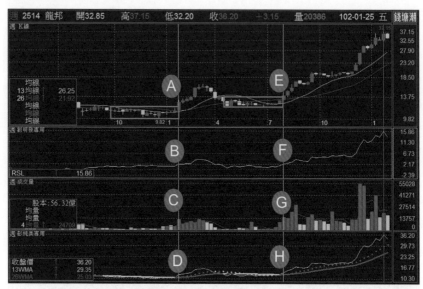

圖2.35（本圖由大師資訊提供，部份資料為作者所專有）

　　　與上圖相同，沒有「停損」出場問題。但是條件是你要謹依我們的規則來買，不能於突破後追高買進。

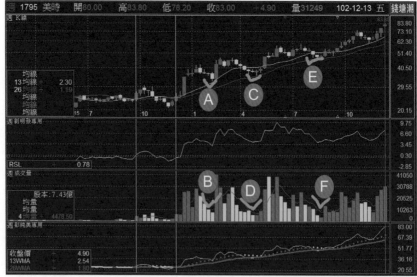

圖2.36（本圖由大師資訊提供，部份資料為作者所專有）

　　　上圖，上漲出量、下跌（回整）量縮的現象是否很明顯？它是多頭行情不可缺少的要素！

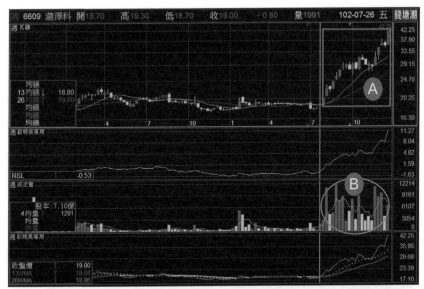

圖2.37（本圖由大師資訊提供，部份資料為作者所專有）

　　上圖，圖2.37，瀧澤科（6609）。看看A區的股價上漲，對照B區的成交量增加。你對成交量的重要性是否更明白？

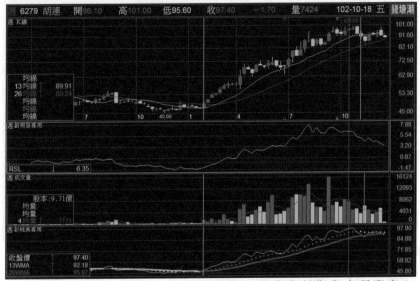

圖2.38（本圖由大師資訊提供，部份資料為作者所專有）

第四欄位顏色變動是否更利於你選股？

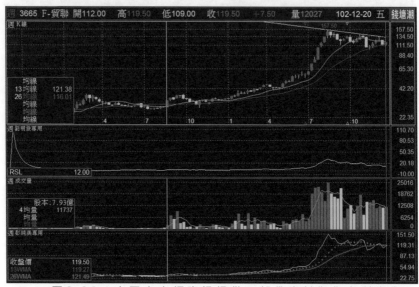

圖2.39（本圖由大師資訊提供，部份資料為作者所專有）

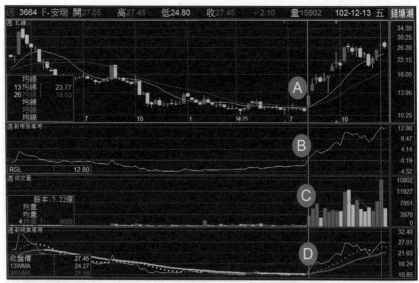

圖2.40（本圖由大師資訊提供，部份資料為作者所專有）

A、B、C、D四點所代表的意義你都有概念了？

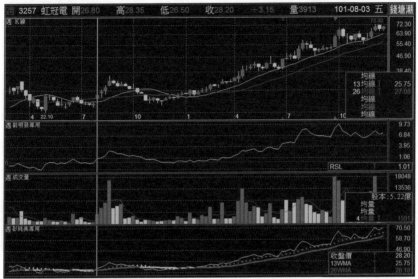

圖2.41（本圖由大師資訊提供，部份資料為作者所專有）

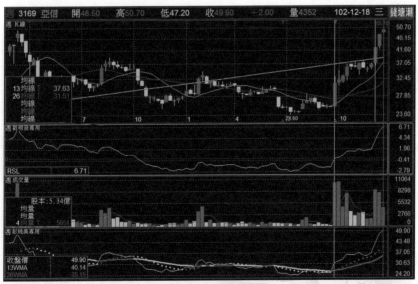

圖2.42（本圖由大師資訊提供，部份資料為作者所專有）

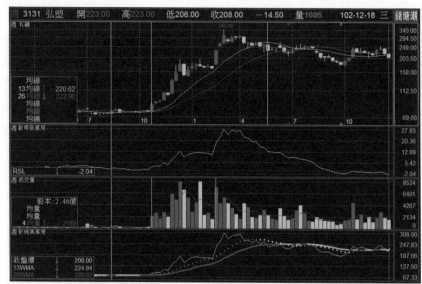

圖2.43（本圖由大師資訊提供，部份資料為作者所專有）

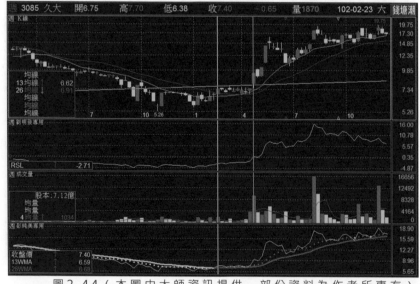

圖2.44（本圖由大師資訊提供，部份資料為作者所專有）

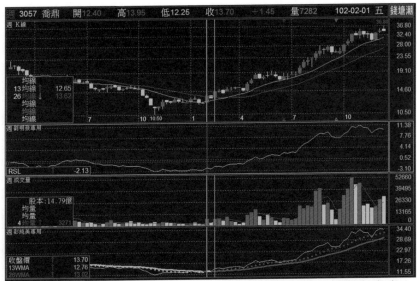

圖2.45（本圖由大師資訊提供，部份資料為作者所專有）

上圖，圖2.45，喬鼎（3057）。相對強度線RSL當然有可能這週正、下週負。反之亦然。

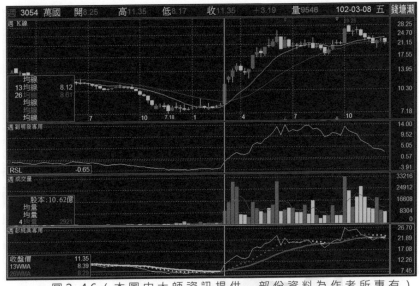

圖2.46（本圖由大師資訊提供，部份資料為作者所專有）

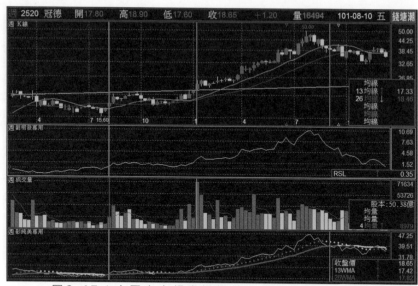

圖2.47（本圖由大師資訊提供，部份資料為作者所專有）

　　什麼是好股票？對你我來講：處於第二階段，會上漲的股票就是好股票，它能漲得更快當然更好。

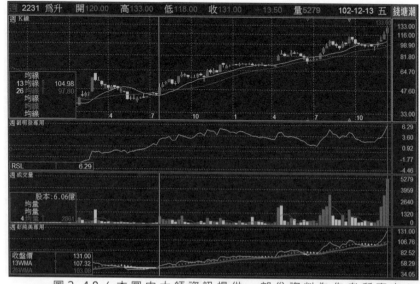

圖2.48（本圖由大師資訊提供，部份資料為作者所專有）

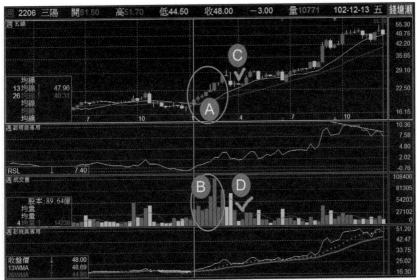

圖2.49（本圖由大師資訊提供，部份資料為作者所專有）

　　上漲有量，連續的量，A、B兩點；回整量縮，C、D
兩點，這是多頭格局。

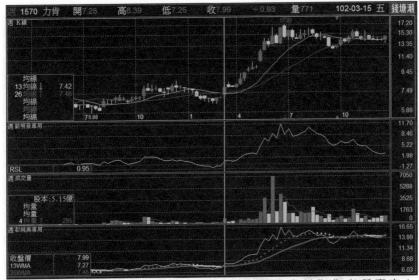

圖2.50（本圖由大師資訊提供，部份資料為作者所專有）

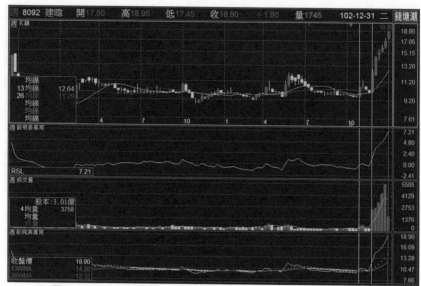

圖2.51（本圖由大師資訊提供，部份資料為作者所專有）

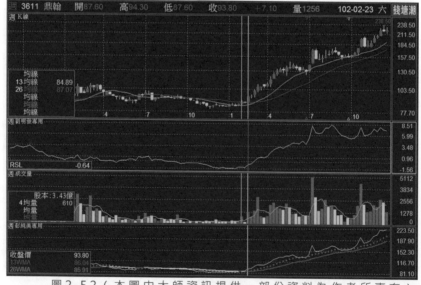

圖2.52（本圖由大師資訊提供，部份資料為作者所專有）

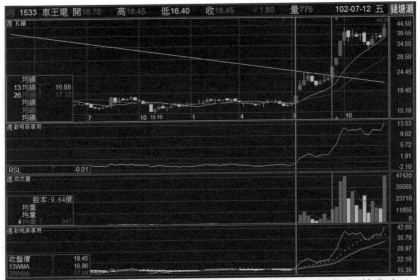

圖2.53（本圖由大師資訊提供，部份資料為作者所專有）

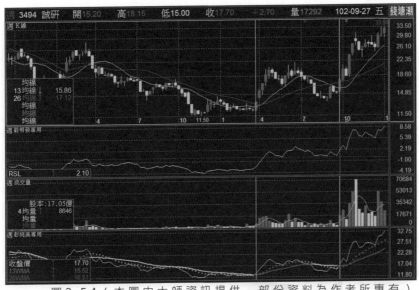

圖2.54（本圖由大師資訊提供，部份資料為作者所專有）

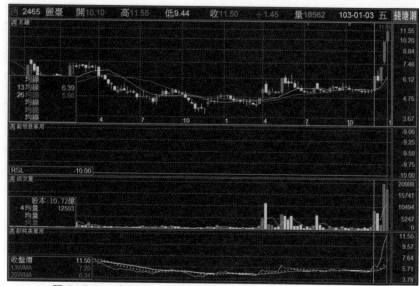

圖2.55（本圖由大師資訊提供，部份資料為作者所專有）

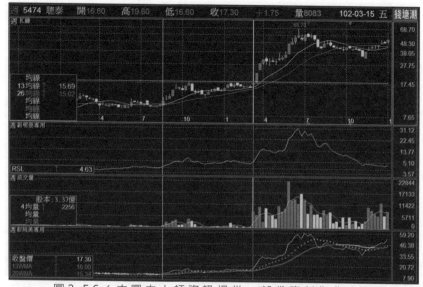

圖2.56（本圖由大師資訊提供，部份資料為作者所專有）

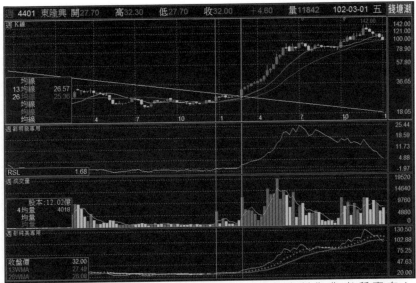

圖2.57（本圖由大師資訊提供，部份資料為作者所專有）

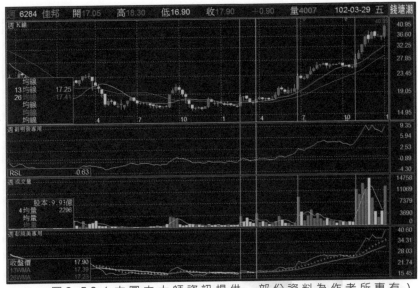

圖2.58（本圖由大師資訊提供，部份資料為作者所專有）

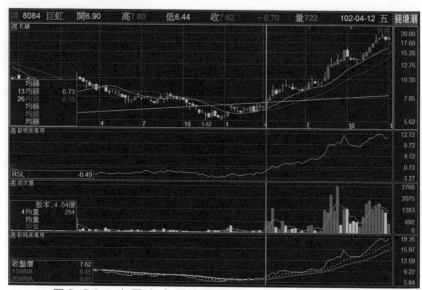

圖2.59（本圖由大師資訊提供，部份資料為作者所專有）

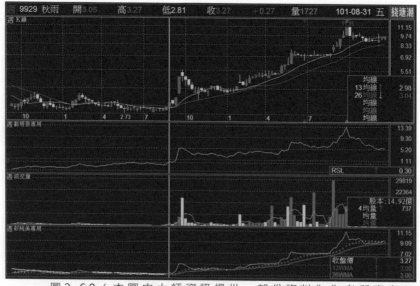

圖2.60（本圖由大師資訊提供，部份資料為作者所專有）

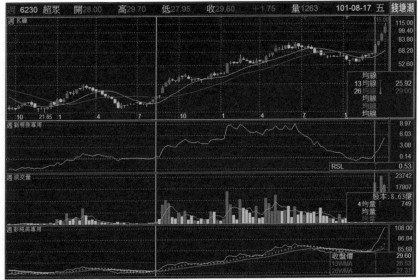

圖2.61（本圖由大師資訊提供，部份資料為作者所專有）

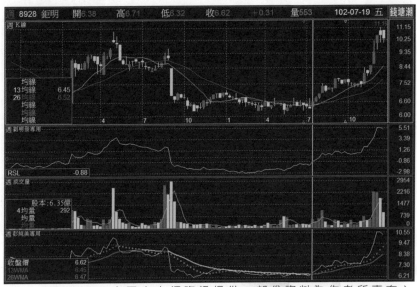

圖2.62（本圖由大師資訊提供，部份資料為作者所專有）

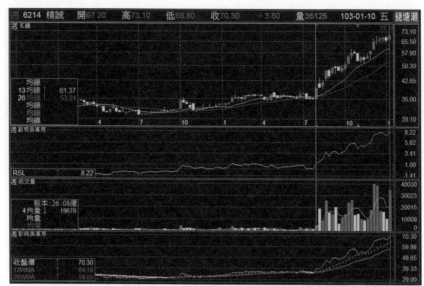

圖2.63（本圖由大師資訊提供，部份資料為作者所專有）

圖2.64（本圖由大師資訊提供，部份資料為作者所專有）

　　如果你不嫌棄以下幾個個股的出身低（價位低），它們也是很棒的買進標的，回報你以不錯的投資報酬率。進

場點也都是一樣符合屠龍或者量奔放！

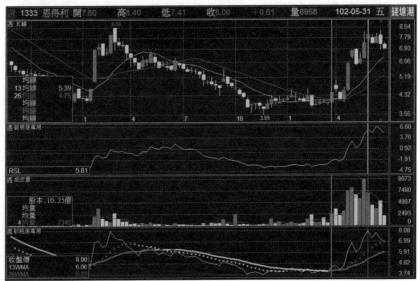

圖2.65（本圖由大師資訊提供，部份資料為作者所專有）

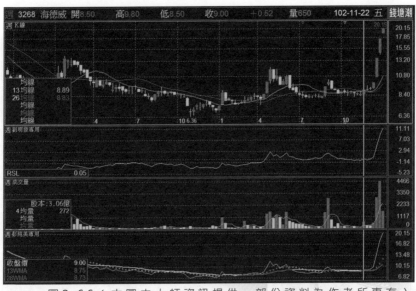

圖2.66（本圖由大師資訊提供，部份資料為作者所專有）

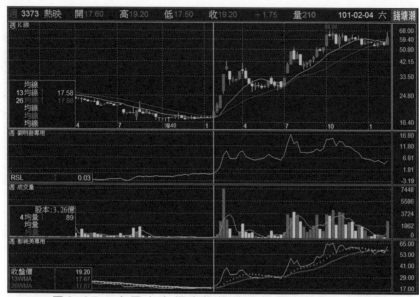

圖2.67（本圖由大師資訊提供，部份資料為作者所專有）

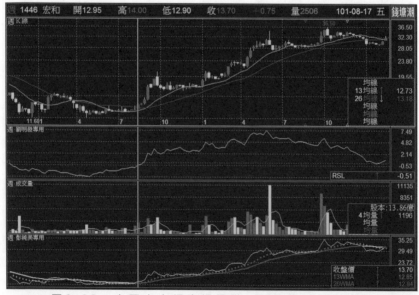

圖2.68（本圖由大師資訊提供，部份資料為作者所專有）

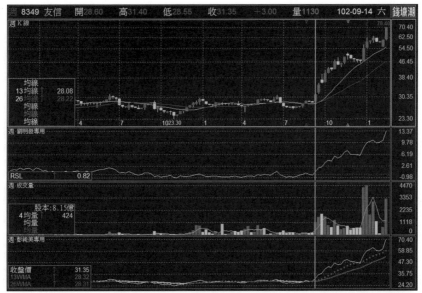

圖2.69（本圖由大師資訊提供，部份資料為作者所專有）

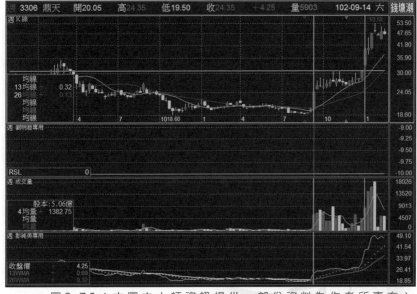

圖2.70（本圖由大師資訊提供，部份資料為作者所專有）　117

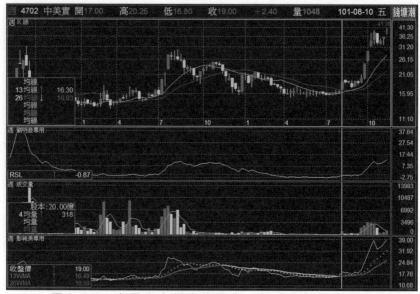

圖 2.71（本圖由大師資訊提供，部份資料為作者所專有）

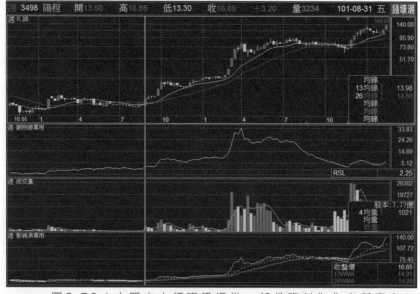

圖 2.72（本圖由大師資訊提供，部份資料為作者所專有）

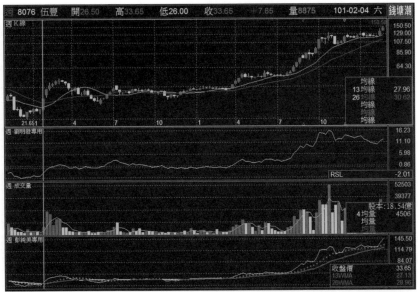

圖2.73（本圖由大師資訊提供，部份資料為作者所專有）

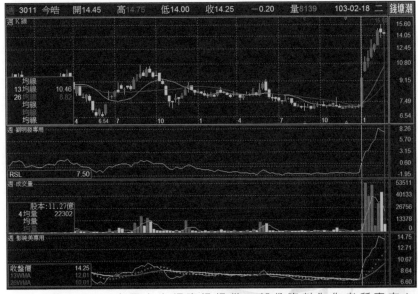

圖2.74（本圖由大師資訊提供，部份資料為作者所專有）

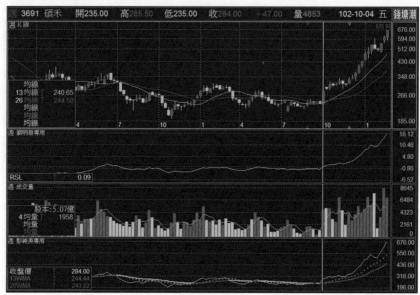

圖2.75（本圖由大師資訊提供，部份資料為作者所專有）

第三章 天蠶變　忘掉舊思維

恭賀新禧！心想事成！
適逢過年 祝大家身體健康 萬事如意！
祝各位股市朋友年年行大運 新年發大財 財源滾滾來!

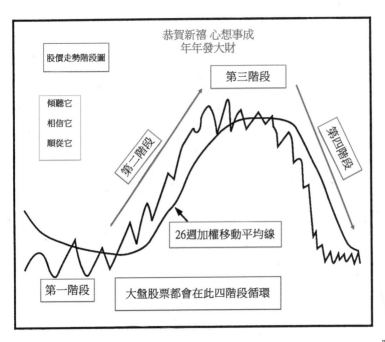

圖 3.1

　　本章節只研究此圖形！**「研究它」**、**「傾聽它」**、**「順從它」**。就是這樣。

　　「買低賣高！」這是股市的獲利鐵則？正確嗎？錯誤的！這是誤人匪淺的陳腔濫調，而非在股市一貫攫取財富的行動藍圖。標準的專業手法應該是：**買相對高而賣得相對更高！**很多投資人以為他們擁抱的那些投資觀念是正

121

確的，認為它們所擁有的是通往榮華富貴之鑰，其實是錯誤得離譜的投資行為！更奇的是，在犯過那麼多次的錯誤之後竟然還只是怪罪於運氣不好。買在低點、賣在高點當然都是投資人的共同願望，但是在現實世界它並不可行，因為只要它還未到來，**你我永遠不知道股票底部、低點在哪裡！**買在低點、賣在高點或許只能應用於少數個股，但還不一定正確，買相對高而賣得相對更高卻能應用於所有個股，而且永遠正確。因為當股票整體市場由底部區域進入第二階段之後，每次扮演多頭的主角(主流)都不一樣，因此就算你真的買在低檔，也不一定會有豐碩的利潤。在此請輕輕的問問你自己，有幾次你採取買在低點的策略時，你真的就是買在最低點了？或者那只是另幾個更低檔的更高更高點？好吧，就算你曾經買在低檔過，而真的買在低檔的那幾次你的獲利率又是多少？因為你沒有投資準則，所以你就一直想買在低點，既然你沒有投資準則，你就會亂賣股票、亂設定股票的高點與價位，你也因此而賺不了大錢。只因為當股票市場還未開始翻揚之前誰也說不準誰會是下一檔戲碼的掛帥英雄。基本面好當然會漲，沒問題，問題是基本面並不是股票市場的一切，只要一公佈業績，大家都算好本益比，等你一來到就賣給你。**其實股市最美的地方是朦朧、是夢。**只要你看不透它，它就有看頭，古早有個廣播節目「有夢最美，築夢踏實」，當時真的滿夯的，在股市我希望把它改為「有夢最美，夢無極限」！誰也不知道什麼時間、什麼股票、會以什麼理由冒出頭。實在不用急著低檔承接，我們只須買在相對高而賣得相對更高就足夠了，就非常的棒了，而這種投資方式絕對不是賭客的行為。更何況你我都是以有限的籌碼（資金）進行這場遊戲，時間就是金錢，我們沒有多餘的資金呆耗在那未來非常不確定的部位上。每次的循環都代表人類經濟前進的軌跡，有趣的是，每次的戲碼都不一樣，新

舊主力股會在行情谷底輪替，而新的領導股將是下跌行情中下跌幅度較少的股票，只因為它就是表現得比大盤強。只要看股價走勢圖就能知道哪一類產業群正在獲利，並了解構成經濟情勢的產業興衰，歷史會一再重演，但大盤不會一再重複相同模式。**順從技術線圖提供的訊息與發掘其中暗藏的線索**，從而組織起我們買賣的架構，它使得我們進退有據，遠離貪婪與恐懼。就在你要順從它之前一定要先相信它，是不是這樣？有相信才會有順從；而要相信它之前必須要先研究它、傾聽它，是不是這樣？研究透徹了、了解它之後才會相信它，這是我們一貫的做法。當然對於某一些投資人來講還有一些值得去學習的地方。

　　有些技術分析的書籍實在十分深奧，或許只有作者與少數學術型人物才能看得懂，相反的，有很多書籍則太過簡單而毫無實用價值，更有一些則屬於空談或純理論……，閱讀的結果大概只會為你帶來頭痛與無所適從，最糟糕的是，最終結果對利潤還是沒有幫助。本書絕對完全不一樣，**我僅就對於會增加利潤的重要因素來處理**，與賺錢無關的次要因素就擱下不談。我也不會要求你記下股市致勝、必勝一百則，那有用嗎？讀爽的而已，絕對派不上用場，我相信以前你一定讀過了它，請問它為你創造了多少利潤？還是依然如故？洪七公的「降龍十八掌」也只不過是總共一十八式而已，就能傲視武林一方了。**必須明白股票市場具有一個完全反應與充分吸收的功能，它是依未來的基本資訊來決定目前的價位。**只要經過透徹的了解、認識這一技術線圖，你將會發現股票市場對你來說不再是披上神秘色彩外衣的朦朧運作機具。這也將使得市場變得較容易預測、壓力減輕、以及較令人快樂愉快，最終的結果是利潤增加了。最重要的是你的人生從此不一樣了，人生充滿了色彩！是的，這裡所學是有關乎人生的，

並不僅僅是股票或者是經濟財務而已。

　　每個人進行買賣股票的方式、時機都會有所不同的，而你我他就在這各人簡單的框框中一直進行著各人的有趣遊戲。這框架是在經過一連串特定經驗後～失敗與成功～才漸漸形成的，很少有人能自覺性的走出這個小框框。對於這一點，你我都一樣。我們需要「創意」來掙脫這臨時、過去的、沒有利潤價值的小框架，形成另一個獲利豐碩、新的框架，這一直是我們不變的目標。為了達到此項目標，請從頭開始！其實這也並不難，首先大家必須把過去你對市場的信條放置一旁，把過去的武功廢掉，從新開始，「天蠶變」，一步一腳印、以紮實的步伐緩緩前行。真的不難……只要你使用的是正確的、有效率的方法，而且你真的也確實掌握了它。

　　買賣股票真的有關運氣嗎？好運一直跟隨別人而壞運氣剛剛好就一直跟著你？才怪！不是這樣的，差別只在獲利與虧損的這兩種人所遵循的股市遊戲規則不同而已。市場專業人於利空消息下勇於在低檔買進股票，而在市場眾多利多歡呼中賣出，另外也有一些投資人於樂觀氣氛中在高檔搶買股票，也有典型交易人在底部大清空、認賠拋售。後面這些經驗都曾經發生在你我身上或身邊，沒什麼好奇怪，只因過去我們就是認為股票就是如此買賣嘛！

　　但是，在股市這麼多年，**就在過去在股市中犯下許許多多的錯誤之後**，我已經學會什麼是有用的，什麼是無效的。不論報紙媒體的報導多麼的聳動，我都不再為其所動，我一定會回到技術線圖來，我可以快速的瀏覽圖形，而且能夠快速的決定什麼股票值得追蹤、什麼股票值得立刻採取買進的行動，什麼股票可以暫時放棄，只因它目前還不值得花時間去追蹤。經由這些累積的知識與經驗，我

已經學會如何解讀股票市場提供給我們非常清楚地訊息與非常明顯的（或暗藏其中的）線索，以及如何有策略地去回應一些特定的情況，包括多頭與空頭的狀況。

　　請大家把重點擺在看、研究技術分析線路圖上，上下的文字說明只是輔佐，只是為了方便你對照著看。文字說明當然也重要，但是，重點還是技術分析線路圖，請不要本末倒置，只把中國字「**讀**」過去，如果你是這樣的讀本書，保證你不會有太大的進步。將來選擇股票的時候，每天要面對很多張的技術分析線圖，誰是優選、誰是劣等，你要一眼就能辨識出來。在書上遇到技術分析線路圖的時候，寧可多花時間停下來研究它，千萬別像看小說一樣的讀文章、看過就算了。有時候，我期望你可以不要被我的解讀所框住，去自己細細品味出屬於你的理解，因為這才是永遠屬於你自己的東西，這應該也才是技術分析線路圖這種語言最優美、最迷人的部份！你可以相信我，但也請別盡信我。這一向也是我自己對人、事、物的態度。就像你去看醫生，也不用盡信一樣。**心中牢記著文字中技術分析的要點，把重點擺在看技術分析線路圖上，我要強調的是「一理通，萬理徹。」、「技術線圖告訴你一切」**。這樣進步才會快。等你把這些概念吸收、化成你的知識後，以後就能快速輕鬆閱覽技術分析線路圖，如此你在股市才會從此走的輕鬆。看圖，看圖！還是請你多看圖。

　　請看圖3.1，如果有人說一張圖表可以勝過千軍萬馬的雄獅、或代替千言萬語的敘述是正確的，那麼肯定便是它！它是活生生的，充滿了色彩！就像快樂、優雅的音符在五線譜上跳躍，就像它是無關財務壓力般的快樂！只要你正確、一貫的運用它，將使得股票市場對你不再那麼神秘，而且更具獲利性及較令人輕鬆自在與愉快。請記住：

任何股票一定會處於圖形中所顯示的四個階段其中之一，只看你如何、能不能去認定它。任何一種商品投資，都會歷經「週期循環」。也就是說一旦你學習了這套分析股票個股與股票市場的有效方法與技巧，則所有的金融商品，包括股票、基金、選擇權或其他的金融市場遊戲將變得更為簡單且將更具獲利性。景氣的循環與股市的多空循環，就像大自然季節性的循環，有其時序性，而**股票市場充分的反映了經濟的領先性**更是投資大眾的一般共識。

　　如圖3.1階段圖所揭示，一個主要循環由四個階段組成：1.第一階段……打底區域，2.第二階段……上升階段，3.第三階段……頭部區域，4.第四階段……下降階段。

第一階段：打底階段

　　某支股票在經過數個月、甚或數年的下跌之後，漸漸地它會喪失下降動能而開始趨向於橫向盤整。它所代表的意義是：相較於之前，現階段買賣雙方的力道開始邁入均衡狀態，在這之前，賣方的力量遠較買方的力量強勁，這也就是之前股價節節敗退的原因所在。到了這一階段，底部慢慢的、慢慢的……開始形成，在這段期間成交量往往都會下降，幾成萎縮狀態，這時候的多頭、空頭幾乎處於平衡狀態。但是，**縱使股票價位幾乎維持不變的狀況下，成交量往往在第一階段的末期就會開始慢慢擴增，這是一項有利的指標。**它所代表的意義是買方在承接、搶進股票時並不願意再在價位上做出太大的讓步，儘管不耐的持股人所拋售的股票數量稍多時也已經無法再迫使股價像之前那樣的下跌。這絕對是一項有利多方的指標。但是到目前為止，它也僅僅是透露出有利多方的訊息而已，僅止於此，離股票買進時間、階段還有些許兒距離。

　　就如圖3.1所顯示的。慢慢地，圖上之二十六週加權移動平均線的下降斜率漸漸的趨於緩慢，而且有漸趨於水平之態勢。除此之外，你會看到由於交替性的上漲與下跌使得該股（或者整體股票市場也適用）的價位介於二十六週加權移動平均線的上下方移動著。通常在這一階段，股價會在我們前面提到過的……在交易區間底部的支撐區與交易區間頂部的壓力區之間上下來回遊走、擺動著。這種形成底部的行為大部分都是以月為單位，或者在極少數的某些狀況下它有可能會長達數年。

　　太多的市場交易員總是會想在此時跳入市場……他們一心想攫取市場、股票底部價位。「但是到目前為止，它也僅僅是透露出有利多方的訊息而已，僅止於此。」這是稍前我們寫下的。你現在就跳下去買股票，就算讓你買到最低點又如何？這種時刻的交易行為並不會為你創造出一些多餘的利潤。想想，你我都以有限的資金來參加這場市場遊戲，現在你的資金很有可能被鎖住相當長的一段時間而卻沒有明顯的價格變動，更甚者，一些冒然提早進場的投資人因為不耐股票的橫向久盤，結果就將股票於漲勢即將發動之際，沮喪的全部拋售。這是新聞嗎？這可不是什麼新鮮新聞，它就在你我身旁時常的發生，而且還歷歷在目，由此可見於此時進場並沒有太大的好處。在股票市場沒有「絕對」這一回事，沒有十拿九穩的好樣，就算十拿九穩也還有一個不穩，而這個不穩包括的可還真是千羅萬象的……全體股市投資人的貪婪與恐懼總匯、公司的獲利與未來的展望等等，不確定的因素太多了。所以，重要的是要有一套完整規劃的遊戲規則，照著這個遊戲規則走，並且一貫性的遵循它，什麼時候進場、什麼狀態持有、什麼時候出場、以及什麼狀態離開，心中要早早就有一個「譜」、一個「底」，依照它的韻律知所進退，如此才能

免於買賣時刻的進退失據。

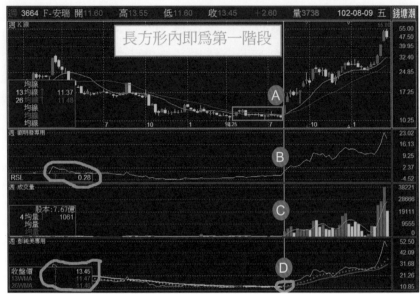

圖3.2（本圖由大師資訊提供，部份資料為作者所專有）

　　現在請看圖3.2，F-安瑞（3664），它在打底區域橫盤了好長一段時間，股價於二十六週加權移動平均線上下來回穿梭，提早進場真的沒什麼多大好處可撈，當看到挾帶巨量的長紅K線出現時才是我們的理想買進點（圖3.2中劃出的直線）。這時候股價突破第一階段的底部區域的上方壓力地帶，進入較具動能的第二階段。然後量滾量，持續幾週的巨大成交量，股票繼續上漲，這就是我們買進時的夢想。**突破盤整區域時，成交量、相對強度線、二十六週加權移動平均線全部得到確認**。圖3.2，F-安瑞（3664），它也通通符合我們「屠龍」的選股條件，甚至於就是符合「三冠王」亦當之無愧。

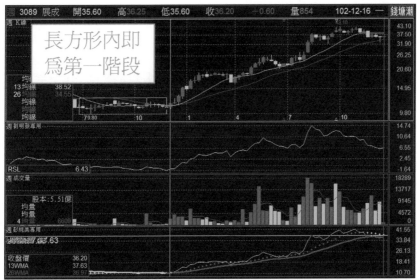

圖3.3（本圖由大師資訊提供，部份資料為作者所專有）

　　圖3.3，展成（3089），第一階段也是橫盤了好長一段時間，在正式展開漲勢之前成交量就有些許的增加了，但是此階段增加的成交量並沒有再迫使股價又往第四階段邁進，它仍然停在第一階段上，因為有些人已不再等待、不再讓步，有一點喜歡追價買進的味道了，這是一個有利訊息，一旦漲勢開始發動，量價齊昂，這時就是我們的理想進場點（上圖3.3劃出的直線）。敢問各位，這階段的展成（3089），它符合「屠龍」選股條件嗎？

第二階段：上升階段

　　一位長期投資人買進股票的理想時機是當一支股票最終越過其底部區域（第一階段）的頂端而進入這個比較具有動能、具有相較動態的階段⋯⋯第二階段，這是「第一次」進場買股票的好時機。**請謹記：向上突破壓力地帶（交易區間）的頂端與二十六週加權移動平均線的同時，應該要有非常可觀的、足以吸引投資人目光的巨大成交量**

129

配合（越大越好）才算出色、才算亮麗，那才是我們搜尋的標的物，成交量沒有增加很多的泛泛之股不是我們的目標。這時候才是第二階段上升趨勢的「開始」。也僅僅是剛開始暖身而已（除非是全壘打）！因為在真正的強力漲勢發動之前，通常至少會有一次的拉回，而這拉回動作往往都緊緊接續著最初的突破漲勢之後，而且這次股價的下降、拉回一般會將股價壓回最初突破點附近（因此請勿追高）。其實這種情況是可以理解的，在突破之初的這一小段時間內，媒體絕不會有該股的好消息，反而有消息的時候都是負面消息多，除了少數的「鴨先知」之外，市場充斥著有差價就賣的普羅大眾，他們從不回去看看技術分析線路圖，也不去想想漲價的背後原因，有差價就賣，抓小失大，怎麼能在股市賺大錢。請你謹記：這是低風險買進該股的「第二次」好時機！應該也是最安全的買點。拉回的幅度愈小、成交量萎縮越快，通常顯示該股的往後力道越強勁。

就在進入第二階段的突破發生後不久，二十六週加權移動平均線一般也會因為股價的上漲而開始轉為走平，繼而上揚。再來就是買進者的夢想實現了，歡呼的時刻來臨，只因一切都依照規則在進行：因為每次上升的股票價位高點皆高於前一波的高點，而且更重要的是往下修正的低點也一波比一波高。接下來的是不管它目前所展現的氣勢是如何如何的強而有力、如何的磅礴，你千萬不要預期上漲的個股走的永遠是單行道，因此你必須要容忍進五退二，或者是前進兩步，大幅退後一步的情況，千萬千萬不要一看到股票價位稍微下跌就驚慌的賣股出場了，拉回盤整不是什麼大不了的事，不是說休息是為了走更遠的路嗎？你總要讓它拉回重整，以儲蓄往後再攻堅的動能。股票再往後走，不管是巨幅波動或者是發生突發的瞬間劇烈

震盪，只要所有發生的下跌整理皆發生在保持上升狀態中
的二十六週加權移動平均線之上方，那就不用擔心，一切
按照攫取暴利的企劃進行。股票市場只是遂其所願、行其
所必行的例行工作而已。而它也只慷慨的回報給少數的機
靈投資人、交易者，卻讓絕大多數的投資人、交易者永遠
無法賺錢！長長的嘆氣。

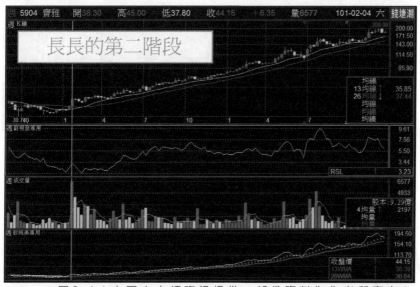

圖3.4（本圖由大師資訊提供，部份資料為作者所專有）

　　圖3.4，寶雅（5904），一根長紅K線伴隨著巨大成
交量，帶領股票價位進入第二階段，輕聲哼著"一路向
北"，請注意圖形中所有的回檔整理都發生在保持**上升
狀態中**的二十六週加權移動平均線之上。圖3.4，寶雅
（5904），K線圖形中所劃出之直線即為理想的進場點。
請你看看那一根一柱擎天的巨大成交量。真是帥呆了！底
部爆長紅巨量，絕對是利多。

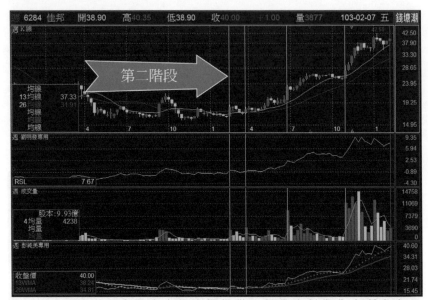

圖3.5（本圖由大師資訊提供，部份資料為作者所專有）

　　圖3.5，佳邦（6284），左邊第一條直線正式進入第二階段，接著來一次明顯的拉回，真的很接近上次的突破點，理論上，這是第二次買進點，也是最安全的買點。從左邊算來第二條挾帶巨額成交量的突破，又將股票價位推升至二十六週加權移動平均線之上，移動平均線也再度翻揚向上。從此所有的回檔都發生在保持上升狀態中的二十六週加權移動平均線之上，而且一切按照當時的企劃進行，右側兩條挾帶巨量的突破盤整點也都是極佳的第二階段行進間買進點（以後會提及），股票市場只是行其所必行，行其所當行！酷斃了！

　　隨著基本面的改善，基本面改善、較佳的財務報表也出來了，越來越多的投資人發現了它，市場上談論它的投資人變多了。他們簇擁著，想搭上這輛駛向山上的多頭列車，然而，隨著股價的漸漸走高，早先進場的投資人已

有人開始急於拋售獲利的股票了。當然，這也促使股票價位的回檔越來越深，每次回檔的股票價位越來越有機會接近二十六週加權移動平均線，如此的情況，使得二十六週加權移動平均線的上升角度將大幅下降，平均線上升斜率不再那麼陡峭了。目前，該股仍處於第二階段，如果你是長期投資人，而你也於第二階段剛突破時買進該股，那麼此時該股仍是屬於「**持有**」的狀態。但是，即使它仍然處於第二階段，因為媒體的傳播、耳語的散播造成太多投資人發現、勇於追價買進，促使目前的交易價位已立於支撐與二十六週加權移動平均線上方很高、很遠的區域，現在它已經被過度開發、解讀了，目前價位所待的區域絕對不再是適合的買進對象。此時如果輕率買進將為你帶來莫大的風險。獲利／風險的比率將不像之前一樣的對你非常有利。

　　如果你是一位長期投資人，買進股票的最正確時機是在第二階段最初突破處，以及在其突破後又拉回整理而接近於突破點之處。此時股票價位仍非常接近底部區域，下檔風險相當有限，而上漲潛力則是未可預測的可觀，投資報酬／風險比率將對你十分有利。而到了第二階段的末期，早期進場的某些長期投資人不希望優渥的獲利丟失掉，故而開始出現瘋狂性的賣壓；而一些後知後覺的投資人，則想為剛發現的熱門股找一個進場點，所以針對每次的賣壓都勇於進場承接，因此到了第二階段的末期，股票價位的波動會變得比之前大得多，而技術分析線路圖也會變得很古怪。隨著股票價位變動加大，貪婪與恐懼的情緒對買賣雙方的決策都產生相當巨大、不穩的影響。如果你是一個長期投資人，請謹記，不要在此時進去淌渾水，我們只買在進入第二階段的突破點附近！如果你錯失了在突破點附近買進的機會，千萬不要慌慌張張的去追價，因為

大部分股票突破後都至少會有一次的拉回，比如說突破點位於12.00附近，而你錯失了買進機會，你如果在13.00買進也沒有什麼關係，應該可以接受，但是如果追價買在16.00～17.00左右，請問當股價向12.00～13.00拉回時你要不要停損，此時心裡應該是相當掙扎的，說不定當你做出停損賣出後股價又一路上漲，你又要說運氣不好是嗎？真的沒被氣死也只剩半條命了，如果是買在25.00～26.00那就更非常非常有關係了。可以很大膽、勇敢的買，但請勿追價買進。這支股票如果沒買到還有下一支等著你呢，或者乾脆等它回檔再做決定。風險觀念一定要有，風險觀念非有不可。

第三階段：頭部區域

在這之前（第二階段），買方的力道明顯的強過賣方的力道，所以能一路推著股價上漲。當漲勢告一段落，這時漲勢失去了動能，股票暫時處於均衡狀態，呈現在技術分析線路圖中的就是股價開始向右橫向盤整，表面上看起來好像買賣雙方再度勢均力敵，這就好像之前我們看到在剛要開始形成第一階段（底部區域）時的情況是一樣的～呈現大概勢均力敵的模樣。

後知後覺的新進買方因為受到基本面的策勵以及一些耳語的煽動、激勵，瘋狂的尋找心中的理想價位搶進，搭配著在低檔買進而準備獲利出場的積極性賣壓造成了第三階段的龐大成交量，上沖下洗，走勢善變且幅度變化加大。這種大成交量加上走勢善變且幅度變化很大的走勢，漸漸地驅使二十六週加權移動平均線的向上走升斜率趨緩，慢慢的誘引此移動平均線開始趨於走平。在第二階段我們一直強調股價前進不是單行道，只要價格下跌盤整始終位於保持上升狀態中的二十六週加權移動平均線之上，

我們就可以放心，讓股價有空間表現。但是，此時情況開始有點走了樣，現在股票價位往往偶而會出現稍微穿越二十六週加權移動平均線的情況，而就在此移動平均線的上下方遊走著。這種情況像是似曾相識，沒有錯，就在第一階段（底部區域）形成時我們見過面。當心了！一定要提高警覺，開始要有危機意識，一旦第三階段（頭部區域）開始有一點要形成的味道，短線投資人應該立刻出清所有持股部位，獲利、停利或停損出場；對於長期投資人，雖然股票永遠有機會再向上突破，又開始第二階段的另一波上漲，我還是建議長期投資人獲利了結其擁有的一半部位，而且為了保障剩下一半部位的獲利，你的「停利」賣單務必要設在新支撐價位（區域）的底部的稍下方一點點，以防不測。

　　請看下圖3.6，凌耀（3582），圖中長方形所圍起來的區域就是頭部區域，股價來回於二十六週加權移動平均線上下踱著方步（請看第四欄亦同），移動平均線慢慢地停止上升而漸趨向於開始走平，該股已相當明顯的陷入麻煩之中，雖然在當時並不知道是何種情況，後來才證明了是盈餘出了狀況。再看看K線圖，再往前股價也曾經來回於二十六週加權移動平均線之上下，最後又走高了，這就是為什麼前面曾建議長期投資人碰到這種狀況可以先賣一半的部位，因為股票永遠有機會再向上突破，又開始第二階段的另一波上漲。

　　下下圖，圖3.7，新鉅科（3630），相同的，長方形所圍起來的區域就是頭部區域，請注意二十六週加權移動平均線是如何的停止上升而又如何的漸漸地趨向於走平（參看第四欄會看得更清楚），以及股價是如何在移動平均線上下穿梭，麻煩來了，在上個年底（2013）大盤難得的稍微往上走，而新鉅科（3630）卻反其向而行。蘋果中一定有隻蟲。

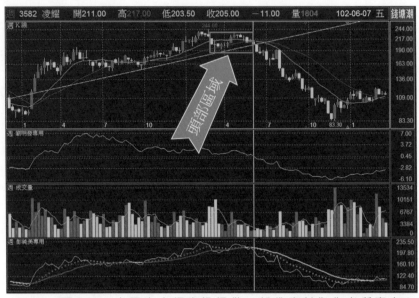

圖3.6（本圖由大師資訊提供，部份資料為作者所專有）

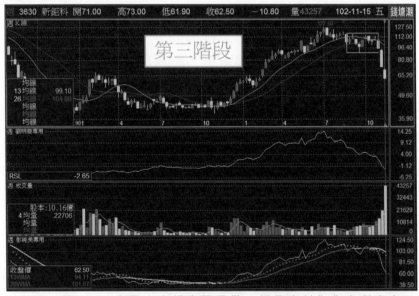

圖3.7（本圖由大師資訊提供，部份資料為作者所專有）

　　在第三階段，有關個股的訊息都是正面的，好訊息總是不尋常的多；大家也都將壞消息輕輕的放在一旁，這恰

恰與第一階段的時候相反。耳語飛滿天，媒體、投資大眾都在談論它，因此在此階段你必須要小心再小心，謹慎再謹慎，小心控制自己的情緒，千萬不要輕易的就被外界氣氛所感染。做出任何決定之前，永遠要記得回來看看技術分析線路圖，養成永遠相信圖形的習慣，因為它與你我不同，它不會情緒化，它從來不會被貪婪與恐懼所操控。**而且，一而再的，透過接受、遵從圖形所顯示市場訊息的一貫訓練，我們自己也可以慢慢的從此中習得冷靜、沉著與如何盤算。**在這一階段，就在其他人歡欣鼓舞的搶進股票的時候，你我更須要這樣的冷靜、沉著與盤算。請謹記：說服你自己，不管基本面如何如何強，不管財務報表怎麼怎麼好，不管未來的憧憬、展望多麼的具有說服力，一定要控制、說服你自己，永遠不可以在這個階段買進股票，只因為投資報酬／投資風險的比率已大大的不利於你。

第四階段：下降階段

　　到達此一階段，在第三階段中維繫股票價位於頭部區域的所有故事、神話與因子通通屈服於賣方的倦怠與傾山倒海般的恐懼壓力。在第三階段，股票價位在交易區間遊走於二十六週加權移動平均線的上下，這時候股價終於低頭向下突破其交易區間的支撐地帶底部。這是我們在圖3.1中看到的第四階段的開始，圖1.22中更可以明確的看到突破點。**第二階段的向上突破，成交量必須明顯的增加，而第四階段的向下突破並不需要成交量的增加即可視為有效的突破。**一旦股票向下突破而進入第四階段，上漲的潛力將會受到限制而變小，本來的舊支撐地帶已成為新的壓力區域（一個將形成的新交易區間頂部），請參考圖1.22，下檔空間則相當大。成交量擴增的向下突破，如果伴隨著成交量萎縮的向突破點拉回，這是非常危險的空頭訊號。尋求放空對象時，當然以挾帶巨量的向下突破為首選，因

為大成交量意味著賣方的壓迫感很重，恐懼性的出脫持股，這種股票的下跌速度一般也較快。雖然挾帶巨量的向下突破最具空頭意味，但是對於一般的持有向下突破（第四階段）股票的人，請你不要因為向下突破時的成交量不大，而產生虛幻的安全感，請勿被這種虛渺、錯誤的安全感麻痺了而忘記應該拋售持股。無論如何你都應該出脫持股，不須要再參考盈餘、不要再管它基本面、更勿相信人云亦云的耳語。看過了太多太多的這種向下突破時沒有挾帶巨大成交量的向下突破，股價在未來一段時間內都大幅下跌，最後都以屍橫遍野收場。所有的好事終究會結束。因此，**從此你要對自己立下承諾，承諾自己將不會再持有任何股票，只要它們進入第四階段；你更要對自己發誓：永遠不要在股票處於第四階段時買進它們！**不要小看了這短短的三行字，如果你真能做到這一要求，就算你其他的買賣操作技巧都沒有任何改善，相信我，你將會在未來的一小段時間內，驚喜的發現你帳號裡面的數字變大、甚至於變長了！常跟我談股票的朋友都已做到這一要求，只是他們選股仍有待加強。能做到這一要求，你就已經是前段班了。

「要忘記過去，才能勇敢的邁向未來」－－阿甘正傳。讀到這裡，你是否發現我們強調的一貫性就是這樣慢慢養成的買賣習慣。就在現在，我要求你不要在股票處於第四階段時持有、買進股票，這是否與這一章節剛開始時我請你不要有「買在低檔」的投資、買賣觀念相輝映。所謂「低點」的股票買點在第四階段時最多，其實那時正是「低點」的現在進行式。只是你在買進時已確定它就是未來看來的低點？或者日後證明你當時所謂的買進低點只是買在現在看來的半山腰上而已。你會有想買在最低點的念頭，那麼我就有理由懷疑你在股票跌入第四階段時會出清

你的所有持股部位，如果真是這樣，那麼以後的財務災難就開始了，你就此開始受盡折磨。堅定不移的處在第四階段，眼睜睜的看著你辛辛苦苦賺到的錢揮霍殆盡，這那有什麼任何的尊貴或灑脫的意義可言！精神被虐待還不夠，還要付出代價不斐的財務，這算參加什麼財務遊戲。

　　在股票市場，為什麼總是輸家多於贏家，其實這跟「知」，「行」不能合一有絕對關係。當你的股票已經明確轉弱，而你現在處於套牢中，你會「想」說它還會再漲回來，但那只是你的「以為」，股票走勢才不會管你那麼多，癡癡的等，從不理會技術分析線路圖透露的訊息，也不管它現在是處在什麼狀態，這種從一而終的精神實在可愛；相反的，當你持有上漲中的股票只要稍有回檔，你就馬上賣出它，只因你害怕那一段難得賺到的利潤又跑掉了。這是一般輸家的標準買賣模式，而輸家卻又偏偏占了市場中的多數。如果你的買賣操作模式不是這樣的，那就恭喜你了。要想知道什麼該丟棄和什麼該保留……技術分析線路圖會清清楚楚的告訴你。過早拋出手中的贏家只為了賺取些微的利潤而持有套牢的輸家，這是為自己創造了惡夢，最後會演變成第四階段的大災難。如果遇到第四階段的大災難這種情況，你的醫師能開給你的處方大概也只有兩種可能：開始祈禱或者服用忘憂解。

　　現在就讓我們為大家播放一首或許大多數人都已經聽得很熟悉的「**血淚交響曲**」，它的歌詞翻譯起來大概是這樣的：「有多少次你手中的持股應該在60.0就該賣出，此時的專有名詞應該叫做：『停損』，但是也不知是什麼原因，或許更確切的說應該是你沒有那個習慣、從來就沒有那種認知，你並沒有採取緊急賣出的行動，你眼睛仍然天天瞪視著螢幕，腦中想的是它應該很快就會反彈回來，眼看著它56、52、50一直的過，一直的過，真是令人不敢想

像，好像那支股票與你無關似的。不管螢幕上今天顯示的價位是多少，或許目前你自己心中還認為它仍是價值60.0的股票吧！你不會不知道你的股票只值收盤的價格，它是一項資產，只要市場營業，你願意賣就可以隨時賣掉它。身為無可救藥的樂觀主義者的你，可能你又會認為60.0的價位都值得買進，那麼現在50.0的價位當然是更值得擁有，於是乎你採取了危險又具毀滅性的向下攤平策略，50.0再買進。就在買進的同時，你心中也悄悄地告訴自己：反彈到60.0或許不太容易，反彈到55.0應該沒問題，只要反彈到55.0就可打平了，然後我就可以輕鬆的、沒有輸贏的賣股出場。問題是，找不出任何的理由股價一定要反彈到那個數目字，所以，人算還是不如天算，沒問題的最後都變成了有問題，股票它並不知道你的心意，也或許太多人告訴它、拜託它而它忘記了，幾個月一幌過去了，那支當時看似很便宜、處在很低點的股票，現在真的更便宜了、處在更低點了，螢幕上跳出的價位是26.0。也就在這個時候，導致股價下跌的基本面大利空消息遲遲的公佈了。更令人感到悲嘆的是，就在第一階段底部開始要形成之際，因為不堪久盤與巨額虧損的雙重壓力，你於此時拋售股票、離開市場……於第一階段的底部要形成之時刻，你拋售了你的所有手中部位。」而你是以巨額虧損外加精神受盡了折磨出場的！你大概最後才想起了你的股票只值收盤的價格，它是一項資產，只要市場營業，你願意賣就可以隨時賣掉它。所以你賣了。

　　這一首「**血淚交響曲**」聽起來熟悉嗎？這絕不是你自己一人的痛苦經驗而已，這是許許多多人的共同慘痛經驗。如果不是這種情況時常發生，怎麼會有那麼多人總是失望、落寞的離開股票市場。這也不是什麼悅耳的交響

樂，它是一場惡夢！從今爾後，不要再讓這種惡夢變成你的宿命。請你永遠要記得，任何股票只要它一進入第四階段，你就一定要拋售手中的所有持股……不管此時你是賺錢、打平、或是虧損的狀況。永遠不要再採行自殺式的投資策略「攤平」，那只會讓你越攤越平、最後有可能會讓你永遠的躺平。請謹記：股票市場是制式的，它很機械化，它只是行其所必行，它是一個沒有思考能力的綜合體，它不會知道、它也不用知道、它更不用關心你支付多少價格去買進一支股票。所以，如果有那麼一天當它成為輸家時，就是你跟它說再見的時候，否則些許的損失恐怕會演變成巨額虧損收場，還要另加小費：精神長期受到折騰與不太愉快的回憶。

　　簡單一句話：**你我永遠都不會知道底部在那裡！**一些投資專家總會鼓勵投資人「現在離底部應該不遠、現在應該是底部」，搖旗吶喊、鼓勵我們這些散戶「買在股價底部」，而這卻是一種效率極差又無法實現投資效益的作法。這個時候最好的應對方法就是，「聽聽就好」，此時不聽他們的話而採取行動就是最好的行動，這也就是最好的投資法。你要知道的是，股價跌到谷底的公司，通常獲利進一步惡化的機率非常高，那時可能又帶動股價往下再走一波，在這種情況下，「買在底部」的投資行為反而會蒙受重大損失；相同的，就算你知道某家公司的獲利已有所好轉，你也無從預測獲利帶動股價上揚的確切時間點。所以，結論就是，你我永遠不會知道底部在那裡！

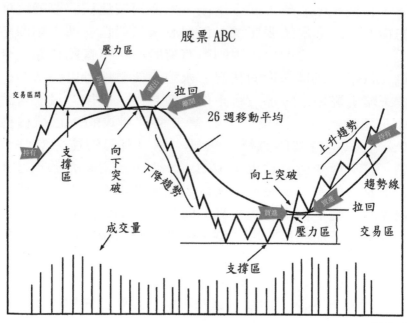

圖3.8

圖1.22加上了四大階段的買進、賣出概念就變成圖
3.8，圖3.9的模樣。

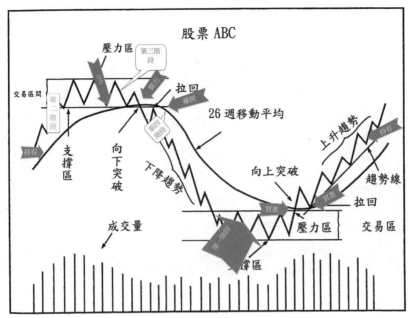

圖3.9

　　在第二階段時樂觀的氣氛促使股價一高比一高更高，而一低也比一低高。在第四階段則是相反的情況，市場充滿了悲觀的氣氛，一低比一低低，而一高也比一高低，也就是每次超賣後的反彈都不會高過前次的高點，這是下降趨勢的典型例子。更甚者，所有這些負面行為都發生在移動平均線的下降趨勢線下方。每天交易的時間內你都可以看到許多人在這種情況下買進，從今以後，不要再掉入這樣的陷阱中，永遠不要再有猜測底部的買進行為，在第四階段買進股票是具有毀滅性的，你會因為你不再是其中的一分子而感到欣慰萬分。真的。某些人總喜歡買在低點，挑選、買進便宜貨，只因為他們認為股票已經跌的過深，才不，他怎知捕捉下落中的星火是灼傷自己的笨方法。在股票市場中追求暴利的同時，請隨時要自律與保持情緒的冷靜。研究它、傾聽它、永遠要順從它！

143

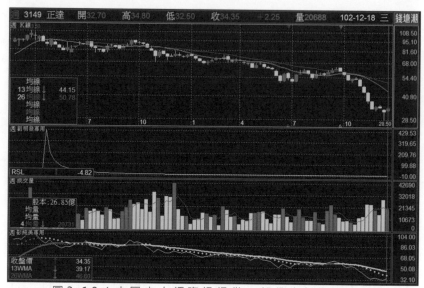

圖3.10（本圖由大師資訊提供，部份資料為作者所專有）

　　圖3.10，正達（3149），自從進入第四階段以後，沒有一次像樣的反彈。選這張技術K線圖表的目的主要是顯示它的成交量（第三欄），很少有縮減的交易量，大家都玩著猜測底部的遊戲，大家都在迷戀過去的高價，總是一心的認為「跌那麼多了，應該是底部了吧？」。每週總是有那麼多人買進，你要慶幸那個買進的不是你。如果萬一以前不幸是，也希望以後永遠不再是！

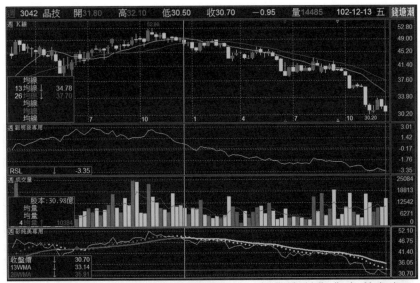

圖3.11（本圖由大師資訊提供，部份資料為作者所專有）

　　圖3.11，晶技（3042），第四階段。自從向下突破成立，它也一直成交於二十六週加權移動平均線下方，成交量也一樣沒有縮減的痕跡，從今爾後，在此情況下買進的那人絕對不是你。看看那些買進的人是否都在猜測底部、每個人都想買在底部，其結果是大部分人都以虧損出場。形成層層疊疊的套牢。

　　看過了真實世界的確切技術分析線路圖，（不是只有這兩幅圖形而已，相同的圖形我可以鋪滿一整本書），現在再回頭看看、想想前面這段話。**從此你要對自己立下承諾，承諾自己將不會再持有任何股票，只要它們進入第四階段；你更要對自己發誓：永遠不要在股票處於第四階段時買進它們！**不要小看了這短短的三行字，如果你真能做到這一要求，就算你其他的買賣操作技巧都沒有任何改善，相信我，你將會在未來的一小段時間內，驚喜的發現你帳號裡面的數字變大、甚至於變長了！我保證。你只要

不在第四階段賠上大錢，剩下的問題是賺小錢還是賺大錢而已。任何時候你只要有一兩支股票陷入第四階段的麻煩中就可能讓你長時間的失去鬥志，進而影響你第二階段的持股意願。

圖3.12(本圖由大師資訊提供，部份資料為作者所專有)

圖3.12，順達（3211），第四階段，這支股票應該讓很多人賺過錢，當它上市以來走在第二階段的時候。但是當它走入第四階段的時候應該也讓很多人賠錢過，看看它剛剛進入第四階段時的成交量就可以知道。這種會賺錢的以前績優股誰會相信會這麼快的就進入第四階段。基本面還沒公布前，一定又是一片「這是低點」的呼籲聲，與上市以來最高價位188.50相比現在是低點、現在很便宜的聲音一定又淹沒了市場，那些個分析師一定又是嘴角滿泡沫，「現在很便宜，現在是低檔」，當真如此？市場行其所必行，今天你我大家都是見證人。大家都看到在股票

剛剛進入第四階段時，買賣還是縷縷不絕，只因為它是名股？自從進入第四階段，股價下跌到70.5為止，股價一直在二十六週加權移動平均線下方交易，反彈的高點從未高過之前的高點。基本面……財報姍姍來遲……，夭壽，原來還真是不只有一隻蟲蟲長在這顆蘋果中而已。我們這些個股市小民，如果不靠技術分析線路圖透露出的訊息與線索，請問你我要如何全身而退？要謝謝技術分析線路圖給我們的暗號，你真的要好好的去研究它、傾聽它、然後順從它。只有我們展示過的……凌耀科技（3582），順達科技是這樣而已嗎？不是這樣的，只要你一直在股票市場中出入，你會發現這種情形會一再的發生。

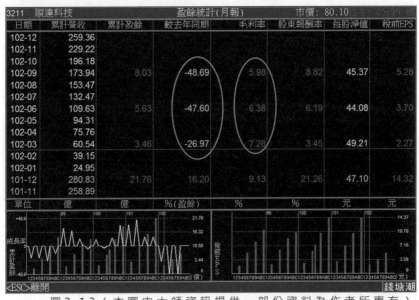

圖3.13（本圖由大師資訊提供，部份資料為作者所專有）

　　圖3.13，順達科技（3211）盈餘統計（月報），又是同樣的戲碼，股票先下跌，盈餘報表（月報）再出現，注意我畫圈圈的地方，然後？而且？永遠不要相信低價、便

宜這種神話，所有的投資都會歷經週期循環⋯⋯不論它是股票、黃金、房地產、期貨及所有的金融商品，只要一進入第四階段：賣出，然後避開第四階段的跌勢或者反手放空！

　　圖3.14，順達科技（3211），月線圖。看看月線技術線圖吧，如果沒有依照技術線圖順勢操作，之前產生的利潤已經缺了一大角了。

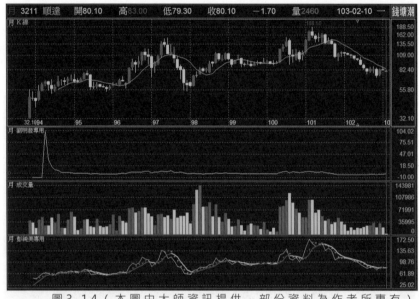

圖3.14（本圖由大師資訊提供，部份資料為作者所專有）

　　請看下圖，下下圖，圖3.15濱川（1569），圖3.16盈餘報表（月報）。圖3.15，在進入第四階段之前，多頭仍作困獸之鬥（請看圖3.15技術分析線路圖左方的成交量），此時多方小勝，股價再走一小段，就在買盤不再簇擁下股票終於落入第四階段。這與我們在第三階段、頭部區域時所講的沒有什麼兩樣：走勢怪異、成交量超大，形成一個類似翻騰、攪動的怪形態。自此以後，股價沒出

現過一次比較像樣的反彈。而圖3.16是它的盈餘報表（月報），請注意我畫圈圈的地方，與去年同期的比較，還真的衰退的不是普通的少。股票最後總是會做反應，而你已經確切的看到技術分析線路圖比基本分析早反應的情況，而且還不是普通的早而已。太陽底下從來就沒有什麼新鮮事兒，同樣劇情的連續劇只是換個主角又重播一次而已。

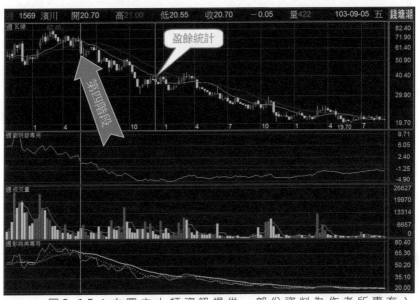

圖3.15（本圖由大師資訊提供，部份資料為作者所專有）

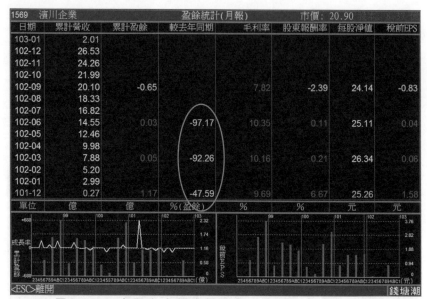

圖3.16（本圖由大師資訊提供，部份資料為作者所專有）

　　當我想要買進股票時，我一向不去看基本面的資料，兩者一定會衝突，我怕它們會亂了我的思慮。……我很認真的去找了這兩個基本資料的圖表來比較，所以如果你以後買賣股票賺錢的時候，一定要更感謝我，感謝我的認真……，但是賣出股票後，如果有空的話，我會找出來看看，賞玩賞玩。抓這兩個基本面圖表的主要用意是讓大家看看、比較：依照「技術分析線路圖」與「股票基本面訊息」來操作、買賣股票，**它的「時差」有多大。**「技術分析」勝！「技術分析」勝！

　　現在就讓我們稍微停頓一下，整理整理我們的思緒、做法。在第四階段、向下突破的說明中，我們一再強調不要猜測底部的重要性，若能確實做到這一點，對你獲利的加分效益是非常大的，也因此你才能避開精神與金錢的雙重損失。若你能夠再深入想一想，當股票處於第四階段中

時，如果能夠不做猜測底部的行為與買賣，那麼在「相對的」第二階段的上升階段中，你會隨意拔檔、賣掉持續獲利中的持股嗎？理論上應該不會才對。因為，你既然能夠於壓力很大、誘惑力很大（低檔？便宜）的第四階段（下降階段）中，能有紀律的不去買進該股，那麼在壓力較小的、上升中、樂觀中的第二階段應該不會隨意賣掉獲利中的持股才對，這是理論！正確的應該是：**你要能確切的做到不猜測第四階段的底部，然後你才能確切的不去猜測「相對的」第二階段的頭部！**兩個階段的操作觀念其實是遙遙相對應的。如果做不到這樣的操作你就不能賺大錢，只能賺些許的零用錢、冰水錢，為什麼？記得我們曾經講過，在你買進的十支股票中，如果有四支以上賺錢你就能賺大錢。這是有前提、有條件的：你的操作策略必須一致的、一貫性的。其中六支小賺、打平、或小賠出場，絕對不能有一支掉入第四階段的泥沼中而讓虧損擴大，然後剩下賺錢中的四支股票就要負起賺大錢的重責大任，對不對，它們如果不能賺大錢，任務就無法達成，所以，你就不能隨意猜測頭部，隨意拔檔，要讓它們錢滾錢！你也高興，它們股票也高興。我也祝你從此永遠賺大錢。

再來，我們把之前談到的「貪婪與恐懼」運用到上面這一段操作上。**貪婪的產生是想將獲利極大化，而恐懼則是不想賠錢。**當這兩位孿生兄弟（唉，與這兩位孿生兄弟的厲害功夫相比，雷曼兄弟你老兄算那棵蔥？）在內心裡不斷角力的時候，投資人的雙眼就會逐漸被矇騙，而失去了平常應有的判斷能力。在被貪婪與恐懼遮蔽雙眼的投資人，一旦出現虧損，心裡就會想「股票抱牢、放著直到股價回升，不賣就不賠」，或者端出毀滅性的武器「攤平」，於是就算股價持續滑落，好像也與他無關；相反的，只要股價稍微上揚，就會想「儘快獲利了結」，於是

乎，滿足於一點蠅頭小利，而讓下跌的股票慘賠，不輸才怪！這是人性的弱點，我們必須要認真的克服它才行。想想，你如果買到上漲的股票而開始賺錢，快樂指數是不是起初最大，到後面會漸淡；一樣的，股票下跌時，起初的痛苦指數最大，以後好像下跌的股票就與己無關了。

投資買賣股票一定要有一顆不隨輸贏而憂喜不定的心。唯有淡定的心才能盡可能的避免失誤，也唯有隨時保持此種心態，才能戰勝在實際買賣中最難克服的貪婪與恐懼！這又是一道「知易行難」的課題？其實也不難，答案就在之前的文章中：控制好虧損的幅度，讓它控制在你能忍受的範圍內，而且每回的虧損額度都只能在投資總資金的極小比例內，確實做好資金管控，這樣才能有效降低你偶爾面對虧損的壓力；讓賺錢中的股票繼續賺錢也很重要。就是如此，別無其他。

什麼叫做「套牢」，不合理的拒絕「停損」行為的最後結果就叫做套牢。你如果還不太清楚「停損」觀念的重要，就來看看大師級的投資人物是怎麼說的。或許你的書桌上也有這一本投資名著，「金融怪傑」，"Stock Market Wizards"，這是作者傑克・史瓦格訪談美國一些頂尖交易員之後所做的整理書籍。裡頭有一位大哥大的交易員名叫：大衛・萊恩（David Ryan），此兄曾喜得1985年全美投資錦標賽「股票類別組」的第一名，隔年又獲同樣類別組的亞軍，再隔一年，股票類別組的競賽第一名又是他的囊中物，「叫我第一名」，他老哥有資格這麼說。總共三年的總報酬率是1379%。他的座右銘就是：**「投資要成功，最重要的是停損。」**，他接受作者訪談時表示，他的勝率（選股正確率）只有五成左右。正確率五成就足以榮登全美投資第一名耶，可見操作內容有多麼的精彩：失敗的停損，正確的繼續讓它日夜幫你賺錢！

	勝利者 贏家	失敗者 輸家
第一階段	第一階段突破進入第二階段時選擇符合條件的股票買進，初次突破拉回時又擇優買進	不堪長期精神壓力與巨額虧損，於第一階段打底時拋售股票離開市場
第二階段	上漲的股票續抱，賣出漲相差者，持續第二階段行進間買股。	即使於第一階段買進以後大漲的個股，稍有回檔即刻賣股，很怕微薄利潤又跑掉
第三階段	有形成頭部疑慮時有效處理個股，絕不在此階段買進股票	受市場、個股氣氛影響，瘋狂進場搶購股票。
第四階段	離開市場或反手做空。嚴格執行停損概念，絕不持有處於第四階段的股票	沒有停損觀念一心想買跌下來的「低價」甚至採行最糟糕的攤平策略。
策略	會依所設條件選擇股票	不知如何選股　不知進場時機　不知買進什麼股票才好
操作	依照技術分析線路圖行事心情篤定	受貪婪與恐懼影響心情焦慮不定

圖 3.17

　　上圖，圖3.17，我把前面這一章節敘述過的關於贏家與輸家從事買賣股票的過程與策略、操作情形簡單歸納起來、做一個簡短的比較。慢慢體會，看看你到底在哪一個環節出了問題，如果真有那種情況，想想看該如何把它改進過來。

　　雖然至今還沒有任何預測市場、股票的方法是絕對正確、絕對令人非常滿意的。但是我們呈現在你眼前的結果是令你難以相信的如此美好，看看上面的陳述，它理論上有效、實際的例證又是如此的令人雀躍、鼓舞，沒有什麼會比這更確實、踏實與真實了！過去，不論你過去對於基本分析有多大的信心，今天，我希望你也能了解我們技術分析方法的價值。也希望你能夠仔細的閱讀、消化與完全吸收之前章節的所有要點，如此，以後當你拿起技術分析線路圖的時候你才會充滿了信心，也能越來越熟練的應用你學習到的東西，更甚者，你會將技術分析線路圖中看到的訊息連想到真實生活中將要發生的事情。從此以後，當你在某個場所聽到某（些）人斥說技術分析根本不科學、簡直是巫術或其他更刺耳的，都請你以微笑代替爭論。股票市場上各人的看法當然會有所不同，而投資人的看法分歧是非常重要的。如果每位投資人、交易員都採用相同的技術分析法來表達對明天市場多頭或空頭的操作，請問明天股票市場將如何運作？更重要的是，如果你我一直想在股票市場挖掘、實現更多的利潤，你我還真的是很需要一些無知的大眾。

　　主體組織、架構已經完成，如果你覺得自己吸收得還不錯，其實你應該可以站上打擊區、上戰場了。後面就是架設建築物的其餘部份。

　　巴斯卡：「無論劇中其他部分有多美好，最後一幕總是血淋淋。」在這指的是第四階段。

第四章 相對強度線RSL 全台唯一

手把青秧插滿田　低頭便見水中天
心地清淨方為道　退步原來是向前　——唐·布袋和尚

　　這一首是我真正喜歡的。別人怎麼看它、解讀它我都不管，我有我自己的解讀方式。我喜愛它的原因是第二句、第四句的神韻、意境完全充滿了我們股票技術分析的神髓。看看吧，「**低頭便見水中天**」，這是什麼樣的景象？真的是棒極了，也真的是太傳神了吧，忙著插秧的農夫們，就在低著頭插秧的同時，藉由清澈的水面即可看盡天空中所有的對映在水面的一切；這不是與我們之前一再強調的，股市中所有的一切訊息最後都會完完全全的反應到技術分析線路圖來是相互輝映的嗎？農友們如果不用倒退的方式還真的是很難把青秧插滿整片田地呢；年輕的股市投資人大概很難再看到那種倒退、插秧的農村畫面了。股票如果漲多了，總該稍微退回盤整、重新蓄積下次再上漲的能量，否則怎能再往前走高呢？退後，原來是要為之後的再向前所預作的準備。「**退步原來是向前**」，好句子，人生很多處境不也都是如此。至於第三句有很多版本，我們真的管不著它。

　　古今中外對股票的研究都很透徹：神說，要有光，就有了光。當我看到這句子時，我一樣的把它與股票聯想到一起了，實在中毒有夠深！沒有光就沒有影子，沒有影子就無法呈現立體感、深度感，我們也就無法透視它。有了光，「光」，在股票市場上代表的是業績、夢想、轉

機、併購、炒作等等，它們也一樣的都會反應到技術分析線路圖來；然後就有了影子……影子呈現在技術線圖上的就是成交量、K線圖、二十六週加權移動平均線……接下來我們才能藉由影子來好好研究她！神說「要有光」而真有了光。在股市最重要的是何處去找光，從影子來找出光的來源。

　　在這社會上有太多「無法掌握」的事情，但是有些事情我們又必須在「不容妥協」中匍匐前進。這就是現實的人生面，股票市場（金融市場）亦復如是。什麼股票要開始漲，什麼股票會繼續漲，我們都無法確知與把握，誰又會知道明天將發生的事情。但是我們在決定是否買進（做多）或賣出（做空）之時的抉擇是不容妥協的，否則利潤就會大大的縮水。「知識即力量」，在你看過、吸收前面章節的內容之後……就在你學習了正確的投資方法之後……你現在對股票市場的運作的看法應該會與之前大大的不相同了，雖然你仍有一些重要環節有待學習。不過，只要你讀完本書，熟稔書中的操作，我相信，我們這些散戶也能擁有專業投資人的實力，甚或有信心會有超越他們的一天。

　　另外，學習最好的買進時機、如何買進股票以及應該選擇買進什麼股票也是非常重要的。這總不出「**如何（how）？何時（when）？什麼（what）？**」的範疇，不會有困難的。我們從小時候就一直在學校中學習「如何、何時、什麼」的環境中長大的，不是這樣嗎？買賣股票的時候，在你我的周遭是否常會聽到這一類的問題：「真的不知要買那一支股票好？」、「現在我（還）可以進場嗎？」、「請問，現在算是處在低檔區嗎？」、「我已經三個月不敢買股票了」……。所有這些問題是不是就是

「如何（how）？何時（when）？什麼（what）」要解決的問題？！你如果想從事買賣股票的工作，或者也想在股票市場中靠買賣股票賺取一些利潤，而你又有上面的問題時常困擾著你，那麼你是否適合從事這種股票市場的投資行動，實在有待斟酌。為什麼？

因為我總認為：

「**今天**」不知道要買什麼股票＝「**永遠**」不知道要買
你　　　　　　　　　　　　　　　　你
什麼股票。

「**今天**」不知道能不能進場＝「**永遠**」不知道何時該
你　　　　　　　　　　　　　　你
進場。

請問是不是就是這個道理，還是我那裡講的不對了。現在台灣股票市場大概接近一千五百支股票，如果今天你都茫茫然不知道要選定那支股票進場或退場，憑什麼讓我相信你明天或以後你就忽然會、忽然就能選取優質股票進場？或者只是你「死鴨硬嘴巴」不敢承認你自己就是不知道該如何選擇股票，選來選去都是你認識名字的那幾檔股票而已。你也不知道何時該是進場買進該檔股票的最適當時間點。你真的要讓你永遠不知道如何選股？讓你永遠不知道何時該是買進該股的最恰當時機？相同的情況，你依靠什麼來判斷台股大盤的可能走勢與方向、類股的強弱。你就要讓這種情況繼續下去，而你也就以這樣的遊戲規則、選股態度繼續遊蕩於股市？儘管有人說世事如棋局，但是畢竟人生與下棋還是不同的，所不同的是，將軍後人生仍然得繼續的過。不管過去股票市場是如何的傷害你，過去的歷史已不可以再選擇，但是現在卻可以自己把握，如此才可以開創人生的未來。 應該要積極學一套簡單、確實有效用而自己以前不知道的股票交易方法，開創你未來

的美麗人生。人生最痛苦的事是悔恨，所以一定要盡其在我，至少要嘗試過。

　　或許有一天，就在股票下跌一些日子之後，你會很幸運的在電視上又看到恰好又是某名師穿著筆挺的西裝接受訪問：「目前雖然走勢不是很理想，但是從長期看來，股價現在應該是處在低檔。」你聽懂了嗎？你或許覺得他講的很有道理。但是，就我聽來，他好像什麼也沒說，只是四兩撥千斤的閃過。現在到底適不適合進場？或許他的意思是「雖然我也不太有把握今日進場對不對，但是從長期觀點來看，現在好像是、應該是、可以進場的時機。」這樣的答案跟上面的那幾個股市菜鳥的問題有差別嗎？長期到底是多長？或者答案等於問題。而且我保證他以後還是會再接受訪問，而他也將繼續給你類似的答案。你要相信，以上的所有問題通通可以在讀過本書以後得到解決，等你吸收、精通了本書內容之後，你就可以輕鬆的自己給自己答案。不只是進場時機、選股問題，到時你也會知道何時該暫時離開市場，或反手做空，讓市場永遠不會再傷害到你。

大漲的訊息就隱藏在K線圖裡：

　　股票買賣，要說有一點困難也真的是有一點難、要說它簡單其實也很簡單。不過，它所有的運作都是**靠機械性的紀律操作而已，當訊息、線索出現於技術分析線路圖上時，我們就採取有紀律性的、對應性的反應**。這跟聰明與否、智商高低一點也扯不上關係。就因為所有的訊息、線索通通隱藏於技術分析線路圖中，所以我們又要回到技術分析圖形上面來，慢慢的剖析它：

　　有時技術分析線路圖它真的可以為你同時解決如

何、何時與買什麼的困擾。你真的有必要好好的研究它、傾聽它、順從它。「後悔總在買進後」，為何過去自己買進的股票總是走不動？為什麼看它走的好好的，自己一買就套牢？希望這種情況以後能不要再發生在你的投資組合名單中。

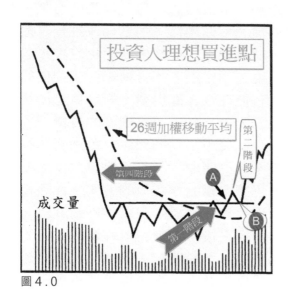

圖4.0

第一階段→進入第二階段的選股方法：

　　*** 本章節或之前章節所使用的技術線圖分析術語，在第一章節中都曾提及，你如果還有不明白的地方，請回到前面再看看。務必讓自己清楚明白才是重要。

　　上圖，圖4.0，買進模擬圖。就一般而言，圖4.0，股票突破第一階段的頂部進入第二階段的時候，突破點的價位附近有兩個最佳的買進機會，首先是"A"點，此點也就是當股票突破底部區域的壓力地帶的頂部，而剛剛進入第二階段的時刻，這是第一買點，其次，是當突破發生之後，股價再次向突破點拉回之際，圖中的"B"點處，這是

第二買點，這也是相對於A點是講，是屬於更安全的買進點。

　　但是，選擇買在突破時的A點好？還是等拉回時買在B點比較好？兩個買進點其實各有其優劣點。在拉回時刻才買進的優點是，你能站在高處評論它，導演當不成也可當影評人，可以依照它突破之時及拉回之後之各項優缺點做評估，然後再做最後買賣與否的決定。在你做成買進決定之前該考慮的情況應是：突破當下或於其後上漲的這一小段時間內成交量是否呈現出巨幅的放大？突破之後股價是否漲至突破點上方很遠的地方？拉回的時候成交量是否有明顯的萎縮？如果以上的答案都是「是的」，那麼它所代表的是正面的、是多頭訊息！相反的，如果該股只是稍稍突破關鍵性壓力水平之後，又馬上挫低到壓力線下方、突破時以及突破後之成交量沒有放大多少甚或變少、股票在拉回整理時成交量也沒有顯著的減少，這些都是代表負面的訊息，它們各具有空頭的意義。

　　在A、 B點買進各有其優缺點的情況下，你該採取怎樣的買賣策略？如果你堅持一定要等到拉回時才買進，有時候恐會有錯失大黑馬的遺憾發生。（而我一位好朋友更是這樣說：了錢無關係，無賺到足堅苦。）而偏偏這些不曾拉回的強勁股票，卻是我們連做夢的時候也想去發掘到的股票對象。為了不讓這種遺憾、堅苦一再地發生，投資的買賣策略有必要做一定的妥協、更改一下買進策略。我想有兩種買進方式可以提供給你、讓你作選擇。請參考圖4.0，＜1＞.將你欲投入此股買進的資金的一半在最初突破時、 "A" 點買入該股，如果股票如預期的向突破點拉回，而你也非常滿意它突破前後所發生的所有行為模式，也就是說符合前面提過的所有正面的突破因素，此時可以

再投入另一半欲買進此股的資金於 "B" 點。＜2＞.如果你非常中意該股的技術分析線路圖形態，或者像我好朋友一樣抱持「無賺到足堅苦。」的態度，深怕它是匹千里駒一去不回頭，此時你可以在突破發生時，便將預定的投資部位一次買足，如果是全壘打就讓持股續抱，如果發生股價向突破點拉回的情況，你可以先賣掉一半持股或全部持股，待其漸向 "B" 點靠近時再買回。

　　A、B兩點所處的位置，都是絕佳的介入點，在這裡買進股票時的風險極少，因為支撐就在買進點的下方不遠處而已，更重要的是遼闊的第二階段上檔空間就展現在你眼前。而你此刻正取得可觀的投資報酬／風險比率，不過，通常你都必須付出一定的忍耐代價⋯⋯「等待的時間」，這是買在A點的不小的缺點。無可避免的，這是個交換條件，只因為這種突破一般都至少會有一次的拉回，你還得讓它繼續累積上漲的動能。從這一點看，在B點買進付出忍耐的代價一定較小，這是買在B點的小優點。但是圖4.0只是個買進操作模擬圖，股票走勢如果完全照著這圖形走那又有什麼好玩，A點的位置通常變化不會太多，B點的位置就變數很多，你可不要一定得等到它拉回到圖4.0中的那個位置的B點才採取買進行動。B點不是定點，不會每支股票都會拉回到圖中B點的位置，它可能會發生於其上價位，也會發生於與B點相差不多的位置，小部分情況它會拉回的比B點還低。最令人生氣、無奈的是它有時候根本就沒有發生拉回的行為，只有回頭跟你微微一笑、揮揮手說再見而已。這是一心想買在B點的大缺點，這時候還真的是應驗了「無賺到足堅苦」。

　　這是理論，在股票市場交易時壓力會較大，應該熟練再熟練，搭配上面提及的各種正負面訊息做出正確的對應

性反應。圖4.0也是基本形，只是為了說明方便。有一天，你如果很用功的硬要找出相似的技術分析線路圖，很有可能從晚餐後一直找到隔天黎明都還沒有辦法找著。第貳章節所展示的技術分析圖形是否都認真的看過了？它們都是成功的技術分析線路圖，請問它們之中有幾個圖形與圖4.0的圖形類似？它們都是變化形的居多。因此我們可以更市場性、簡單性的來描述這種突破行為：**挾帶巨大成交量，伴隨改善中的相對強度線，收盤價位立於二十六週加權移動平均線之上，如果二十六週加權移動平均線亦已翻揚向上那就更好**。符合這樣的條件都是我們追蹤的標的，這裡講的就是第一買點、A點。至於B點的買進時機就相對的多樣化了，如果正面、多頭訊息非常的強烈，有時候就不要太計較些許的小差價，該進場買進就進場買進。對了，你最好要準備一台可以上網的電腦，尋找資料才方便。要不然，你要從何處獲得這些股市資訊。在電腦上看技術分析線路圖的時候，你才可以靈活的移動指標，才可以互相比較。工欲善其事，必先利其器。一台可以上網的電腦應該是不可缺少的工具。

　　理論就是這樣了，現在來看看真實世界的行為表現，在真實世界裡的股價到底是如何運作的：

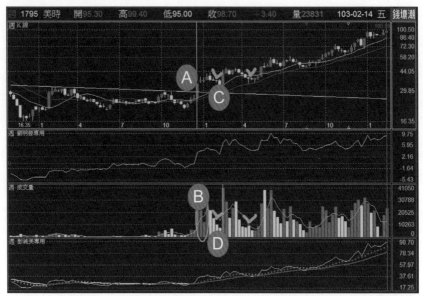

圖4.1（本圖由大師資訊提供，部份資料為作者所專有）

　　上圖，圖4.1，美時（1795），這是與圖4.0所展示的模擬基本圖形基本上非常相像的技術分析線路圖。一根挾帶巨量的長陽K線突破上升趨勢線，股價呈現巨幅的上升（25.8→42.8），一連幾個星期的狂熱之後，股價漸向突破點拉回（42.8→32.25）。股價突破上漲時、A點，成交量隨著攀升、B點，股價拉回時、C點，成交量也隨著萎縮、D點，相對強度線以美妙之姿由零線之下站上了零線之上，所有顯現的訊息都是正面的、是多頭的，它急急呼喊著，叫你趕快進場買進。請注意，每當盤整、拉回的時候，成交量就萎縮的非常的漂亮。股價沿著上升中的移動平均線繼續走高。即使之前已經上漲的那麼多，它現在（1030214）還沒有作頭的痕跡，我們不用去猜測最高價在那個價位，也不用急著設定出場的價位。在它上漲的過程中絕不會是單行道，漲漲跌跌本就是它的原樣，走階梯狀上升的股票才能走的遠。

　　下圖，圖4.1.1，美時（1795）的盈餘統計（月報），盈餘大幅成長了嗎？它是藥品製造與銷售的藥廠，據我所知，該公司有兩樣新產品開發中……到目前為止，你對股票技術分析線路圖的信心是不是更加強了？上下這兩張圖表，圖4.1與圖4.1.1，一張是技術分析線路圖，一張是基本資料（基本分析）。不過，你看它們像是在敘說同一件事情嗎？依我看來，根本就是不同一國的。那你現在又是如何的看待我們的技術分析呢？

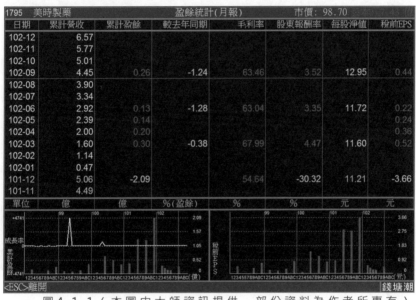

圖4.1.1（本圖由大師資訊提供，部份資料為作者所專有）

　　下圖4.2，F-貿聯（3665），從第一階段突破進入第二階段，股價上漲（27.9→37.0）、A點，成交量與前面的成交量比較已經增加太多了，突破當週成交量／前四均量＝1991／338、B點，五倍有餘，繼續量滾量的上漲，狂熱的買氣消退後，股價果然向突破點拉回（37.0→27.45），注意了，拉回盤整時、C點，成交量又萎縮得很厲害、D點，這段時間的最大成交量／最小成交量＝9485／539，

全部符合我們的要求與條件，這都是有利多頭的訊息。突破之後如果追高的，在拉回時可能就會有停損的壓力，如果你停損了，那就太可惜了。天下沒有白吃的午餐，但是忍耐等待，待過五個月之後股價開始有較明顯、強勁的上漲，也有了非常非常好的等待代價。從30.0附近一路走高到157.5。頭部還未成型之前，誰也不知道頂部在那裡。

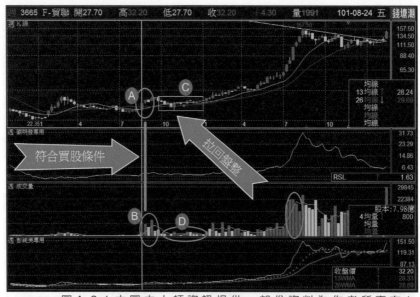

圖4.2（本圖由大師資訊提供，部份資料為作者所專有）

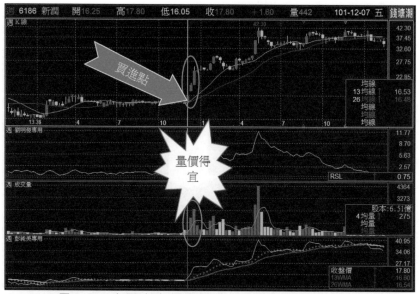

圖4.3（本圖由大師資訊提供，部份資料為作者所專有）

　　上圖，圖4.3，新潤（6186），突破之後量價配合得
宜，股價也漲到很高的地方，但是它並沒有向突破點拉回
整理，而是直接橫盤區間整理。注意了，只要一進入盤
整，成交量就立刻萎縮下來。它所呈現的又全部都是正面
的、多頭的訊息。現在你如果還癡癡的等在B點，這次恐
怕又要讓你失望了。

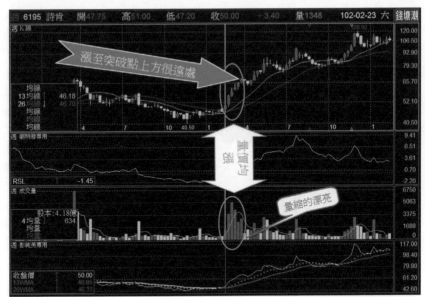

圖4.4（本圖由大師資訊提供，部份資料為作者所專有）

上圖，圖4.4，詩肯（6195），突破當下或於其後上漲的這段時間內成交量呈現出巨幅的放大，連續六週的爆量，突破之後股價漲至突破點上方很遠的地方（46.6→69.4），它雖然並沒有明顯的拉回，但在它稍稍拉回的那兩週（69.4→63.2），成交量也呈現非常明顯的萎縮。這都是有利多方的訊息。這就是了，股票當行其所必行，我們只是靠機械性的紀律操作而已，訊息、線索出現就採取有紀律性的、對應性的反應。只要各種有利條件都俱備時，該買進就買進，該進場就進場。

第二階段行進間的選股方法：

之前討論的是第一階段進入第二階段時買進的時間點與買進的位置、及如何選擇具有上漲潛力的技術圖形的股票買進。隨著時間的過去，大部分的股票都已進入了第二階段，這時候，我們該怎樣在第二階段的行進間選擇優

勢具上漲潛力的股票來再次買進，市場總是熱鬧得很。在
這一階段有一個十分有利可圖的買進時機：當第二階段漲
勢經過一段時間之後，它的動能會稍微消減，表現在K線
圖上的就是回檔整理，或橫向盤整，看看能不能再蓄積下
一波段的上漲動能。在它橫盤的同時，股價就會自然的再
出現一個新的交易區間，當股價漸漸往移動平均線橫盤一
段時日，接著，有可能又來一個**挾帶巨量**的突破這個新的
壓力地帶的頂部，這個突破點就是我們在第二階段行進間
的新買進點，如果突破確實成功，它是非常的有利可圖。
不過請你要注意，這裡的買進點距第二階段初始突破點已
經有一段距離了，所以發生假突破的機會也有可能會增加
了，這時候有須要提高警覺了，不像第二階段的初始突破
時支撐就在下方不遠處。這個階段「**挾帶巨量**」的觀察就
變的更重要了。**移動平均線也應保持明確的上升趨勢**，這
一點也非常的重要，移動平均線能夠保持良好、明確的上
升趨勢，才能保證它的上漲動能充沛。

　　下圖，圖4.5，晟鈦（3229）。挾帶巨量的突破，經
過三個星期的走高之後，股價漸漸往移動平均線橫盤，又
來一個**挾帶巨量**的突破這個新的壓力地帶的頂部，再進行
另一波的第二階段走勢。圖中有兩個第二階段行進間的買
點出現，A、B點。**巨大成交量的出現很重要，二十六週加
權移動平均線有明確的上升趨勢也非常的重要。**

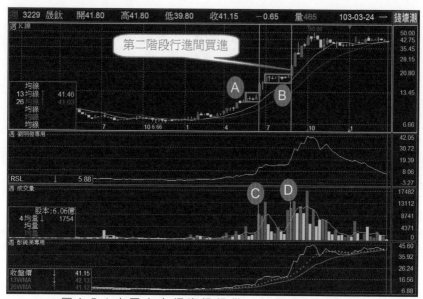

圖4.5（本圖由大師資訊提供，部份資料為作者所專有）

　　下圖，圖4.6，佳邦（6284），一樣的走勢。股價先上漲一段，接下來拉回、橫盤，當股價漸漸橫盤至移動平均線附近，挾帶巨量的長紅K線讓股價脫離了盤勢，再次突破壓力地帶的上限，A、C點，再度進入第二階段較具動態的上升。請注意，**兩次突破時的成交量都呈巨幅的增加，D、E點**。F點的成交量萎縮非常重要。股票的上升不是單行道，它也是呈現階梯似的上漲。另外要注意的是移動平均線應處於明確上升狀態中。當移動平均線已開始趨平或反轉時，表示驅使股票上漲的動能已漸消退，最好少碰這種情況的股票。

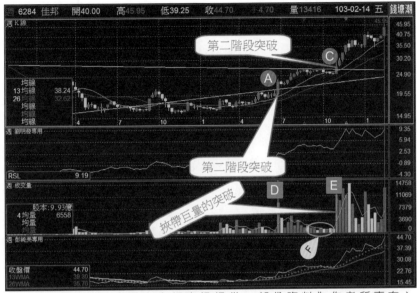

圖4.6（本圖由大師資訊提供，部份資料為作者所專有）

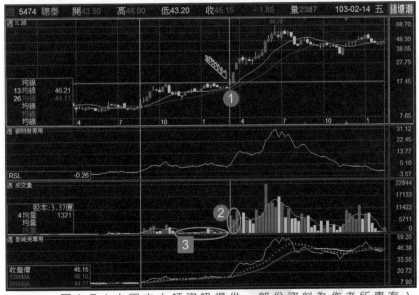

圖4.7（本圖由大師資訊提供，部份資料為作者所專有）

　　上圖，圖4.7，聰泰（5474），股價於進入第二階段後快速上漲到很遠的地方（9.6→17.85），成交量也連續遞增，然後拉回（17.85→12.1），繼而上升、橫盤，等到巨大成交量「圖示2」再度出現，再一次突破交易區間的壓力地區於「圖示1」處。進入另一交易區間，請注意突破發生前，拉回橫盤期間的成交量「藍圖示3」也一樣縮小的非常漂亮。

　　之前看過了第一階段進入第二階段時如何選股的標準以及現實世界的股票運作，以上所呈現的圖形則是第二階段行進間的個股突破買進點，以及它們上漲、盤整、再上漲的有利技術分析線路圖。在選擇買進優勢股票的同時，我們還要考慮的因素很多：在買賣股票的當下必須得同時注意國際股市（尤其是美國股市）的波動、國內股市大盤是否正處於多頭、及時常注意類股的技術分析線路圖的分析。保持一星期至少壹次去看看類股的技術線形的習慣，各別類股的強弱心中要有一個譜，或者記載下來、印下來以便搜尋股票時參考用，類股分析的重要性幾乎可以與大盤等量齊觀。如果上面的影響因素都是正面的、是多頭的，而我們也依照前面所說的技術分析方法篩選出了個股，那麼，是不是這樣篩選出的每支股票我們都能以等值觀之？不是這樣的，影響個股往後漲勢的因素還真的不少。

壓力越小漲相越好：

　　壓力又稱為供給，這兩個名詞在投資學技術分析名詞中可以互用。它是上漲中的股票很可能遭遇（或已經遭受）抵抗、麻煩（至少是暫時性的）而且發生轉進（也有可能是暫時的）的區域。如果股票上漲的中途遇到壓力

區，它所意味的是該股的買方必將付出一定程度的買盤力量才能竄過這個壓力地帶，它也很有可能在該壓力地區滯留一段不算短的時間，又或許在非常不可能的情況下，它快速的通過了該壓力區，但也將因疲憊不堪而須要時間重新盤整。如果有兩條上山的小道，一條較平坦、另一條崎嶇不平，若非有其他的原因，你會選擇那一條小道路上山呢？在股票市場也一樣，當然是上面沒有壓力的股票將走的較快、較輕盈。其理至明，選擇上方壓力相對小的股票，你將可以在較短的時間內獲取較大的利潤，股票的波動也相對的較小，可以免去你一些無謂的壓力，而這正是我們在市場上所特別須要的。

　　下圖，圖4.8，東隆興（4401）。股票挾帶巨額成交量（C點）突破趨勢線進入一個處女地帶 "A" 點（之前未曾於此成交的地區），量滾量的繼續往上走，此時走的很輕盈，因為只有獲利賣壓，沒有了打平就好或虧損的賣壓存在，直到有一天，買方火熄了，股價又開始橫盤，它的成交量又再次來個漂亮的萎縮。一根巨大成交量（D）再度於B點突破趨勢線，它又來到另一個處女地帶於穿越新的交易區間的頂部之後。兩根巨大成交量都驅使股價進入各自的另一個處女地帶。短期內股價都飛到很高、很遠的地方，分別是（27.4→95.5／6個月），以及（95.0→142／2個月）。它的技術分析線路圖顯示了壓力的有無對於股價影響的天差地別，股價只要一進入、來到一個處女地帶（股票之前未曾於此地區成交過），它就能海闊天空的自由揮灑，只因為上面沒有了壓力，所有該股持有人目前都處於賺錢狀態中。

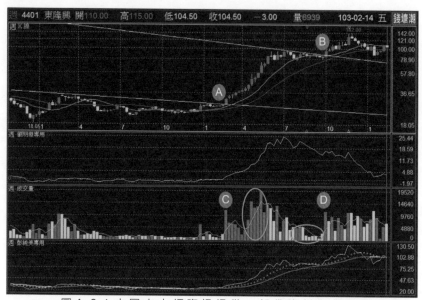

圖4.8（本圖由大師資訊提供，部份資料為作者所專有）

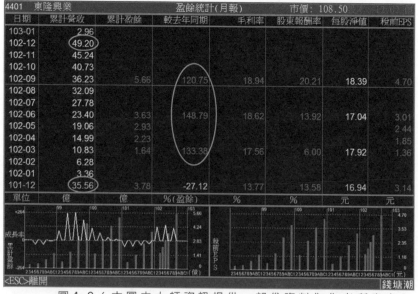

圖4.9（本圖由大師資訊提供，部份資料為作者所專有）

　　上圖，圖4.9，東隆興（4401）盈餘統計（月報）。
請看我圈起來的綠色圈圈，如此這樣的月報就足以讓股價
漲翻天！？當它漲勢已起，你就要順從它。

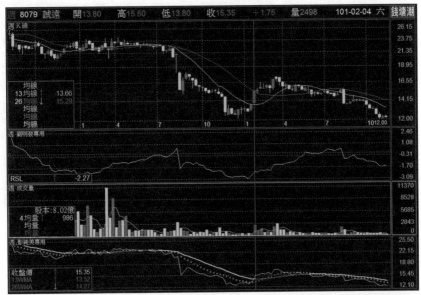

圖4.10（本圖由大師資訊提供，部份資料為作者所專有）

　　上圖，誠遠（8079），雖然股價站上二十六週加權移
動平均線，而該移動平均線也已走平，成交量也符合標準
（2498／517）但其上頭就有巨大的套牢壓力等在那裡，
這就不是我們要選擇、追蹤的目標。接下來也有連續幾週
的小上揚，最糟糕的是成交量一直沒有擴大的跡象，RSL
更是不表態支持，負面因素實在太多，有衝進去買進的要
趕快賣出，最終跌破其之前的底部再創新低價位。一點也
不令人覺得意外。

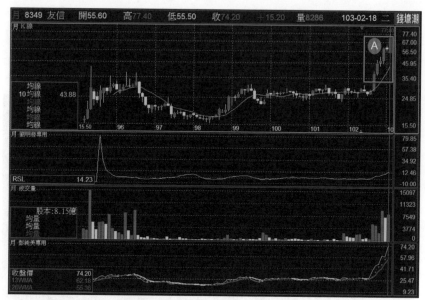

圖4.11（本圖由大師資訊提供，部份資料為作者所專有）

　　上圖，圖4.11，友信（8349）月線圖。大家可以很清楚的看到當它走入歷史新高後（A區，藍色框框）的股價走勢，輕盈、快速，比它之前任何一段時間都走的輕快，股價從突破歷史新高、38.4，漲至77.4只用了1.25個月的時間就達成。所以擺明的就是，壓力條件一定要分辨，避開之前有壓力的個股，否則股價將走得步履闌珊。

　　另外，大家看前面 "壓力" 的時候，也要稍稍的注意一下二十六週加權移動平均線，當此移動平均線的下降斜率太大時，也應把它列入負面因素，要避開這種類似「高山仰止」的技術圖表。**移動平均線斜率很大也是壓力大的一種指標**。稍為回顧一下之前所學的：選擇股票時當注意，國際（美國）股市正面→國內大盤市場是多頭→類股處於有利、正面態勢→1. 第一階段進入第二階段選股，2. 第二階段行進間選股→壓力越小，漲相越好……漸漸建立

起漲跌的概念了嗎？影響股價漲跌的因素太多，永遠不要猜測、想像說，在多頭市場中個股終究會有所表現。它表現好，我們就留下它，當它表現不好的時候，就是我們跟它說再見的時候。

成交量的重要性無與倫比：

就算我們永遠都無法舉證成交量非常重要的理由，但是只要你曾經閱覽過足夠的技術分析線路圖，便足以促使你相信成交量對於突破發生時確實具有關鍵性的作用。**成交量是買方力量強弱的衡量標準。**參與買賣股票的投資人，其對股價偏高或偏低的評價越不一致時，成交量就越大。相反的，其評價越一致時，則成交量趨小。前者意味著多空雙方意見分歧較大，短兵相接，股價乃具有較大幅度的漲跌；後者為多空雙方看法略同，操作較不積極，股價漲跌幅度也將很有限。股票可以因為本身的重量就下跌，卻須要足夠強大的買盤力量才能夠驅使它上漲。

永遠不要相信一個沒有伴隨著巨額成交量的突破。雖然在底部區域的成交量型態有多種說法，最後還是莫衷一是，最重要的應該是突破第一階段進入第二階段時的成交量如何呈現。在我的技術分析線路圖上成交量一欄上面有一個「四均量」，那是我讓電腦選股的標準。常常有人會問說通常要達到多大的成交量才算是所謂的「巨大成交量」？其實這應該與該股平時的成交量作比較，與其他的股票無關，一定數字的幾倍其實也沒有什麼重大意義。只因電腦是制式的，我只能這樣給它一定的數值。我給的是：本週成交量是之前四週（不包括本週）平均成交量的兩倍以上，且突破當週（本週）的成交量必須明顯的放大；如果你是採用日線圖而非週線圖，那麼就改為：突破

當天的成交量必須至少兩倍於之前八天（不包括今天）的平均成交量，且突破當天的成交量必須是最近九天的最大成交量。讓電腦去跑，疏漏在所難免，不過卻可以省時多多。其實也不一定會漏掉，因為還有其他的搜股條件在跑，說不定疏漏在此處的會在別處出現。總而言之，不論確實數目字是多少，確切的應是：未挾帶巨大成交量的突破就不是我們的搜尋標的。

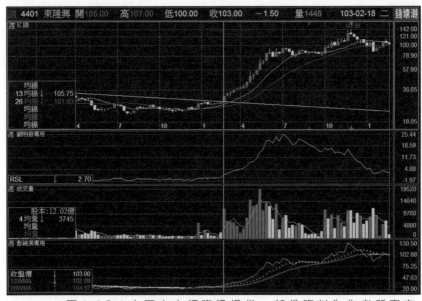

圖4.12（本圖由大師資訊提供，部份資料為作者所專有

　　上圖，圖4.12，東隆興（4401），擎天一柱的巨大成交量拉開了上漲的序幕。股票的上漲須要量滾量，滾出巨大成交量來，才能吸引投資人的眼光投過來，繼而採取買進的行動，讓他也來成為貢獻巨大成交量的一份子。股市投資人常說「股票價位是用錢堆砌起來的」，它形容的就是成交量，當成交量越大時當然也就是投資人投入的金額越大之時。所以股價上漲不是靠自己選股、操作就可以達

成的，它靠的是人氣、是資金，靠旺盛的人氣堆積可觀的成交量，只要有人買它就會上漲，股票漲跌本來就是供需的關係而已，完全不用什麼理由，買進的人會自己去找理由。

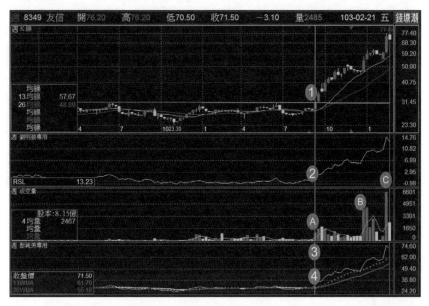

圖4.13（本圖由大師資訊提供，部份資料為作者所專有）

上圖，圖4.13，友信（8349），一根巨大成交量（A點）的長紅K線穿越趨勢線，接連幾週的巨額成交量促使股價進入前所未有的成交地區。每當股價要繼續往上漲的時候，都是先來一個巨大的成交量（B、C點）把浮動的籌碼收括乾淨，然後脫離盤整區進入另一個交易區間。紅圈圈1、2、3、4，顯示當股票由第一階段突破長期趨勢線進入第二階段時，我們強調的多頭因素都存在、都具備。

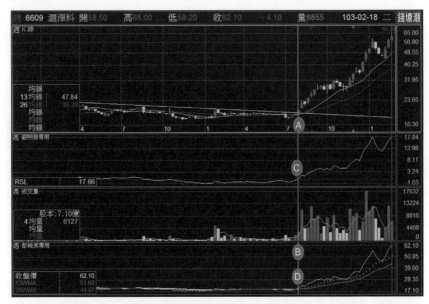

圖4.14（本圖由大師資訊提供，部份資料為作者所專有）

　　上圖，圖4.14，瀧澤科（6609），一樣的，巨大成交量突破趨勢線之後，量滾量的巨大成交量催使股價一路上漲。圖形右側的成交量是不是比左側大太多了，在上漲的過程中，只要股價一回檔整理成交量馬上就萎縮下來。圖上A、B、C、D四個點，一樣顯示突破而出時的技術面都是正面的。

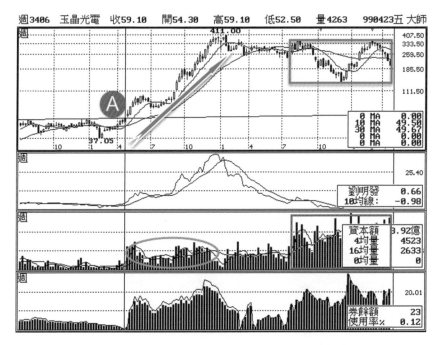

圖4.15（本圖由大師資訊提供，部份資料為作者所專有）

　　上圖，圖4.15，玉晶光（3406）。當突破趨勢線之
後，挾帶著巨量一路上漲至最高點411.00，一路上量滾量
（左側）持續上漲。右側的成交量就有點兒太離譜了，就
好像我們之前所形容的、要成為第三階段時的描述一樣，
波動大，走勢怪異，眾多投資人惑於前面的高價，誤認為
現階段的價位就是低點，你丟我撿，飛蛾撲火般的自殺行
動。但是今天（1030214）的收盤價位是：92.00。你有沒
有發現一個現象，在上漲的波段只要拉回成交量就縮小下
來（左側綠色橢圓形），而在下跌波段（右側紅色框框）
這種正面、多頭的訊息卻消失不見了，一種標準的且戰且
走的交易方式。

　　我們又往前走了一步，把成交量不理想的排除在
外。再複習前面的：國際（美國）股市正面，國內大盤是

181

多頭，類股也屬於正面，由有利類股中選擇技術分析圖突破而進入第二階段（包括第二階段行進間）的個股，而該個股我們只選擇上面的壓力最少的，突破時及之後成交量必須足以確認的。總是有人會說圖形無效、市場股票交易是隨機的？但是，為什麼今天特強的個股明天一開盤就可能以漲停開出，而弱勢者依舊？請你告訴我。

趁著要換幕的空檔插播一小段：**請大家把重點擺在看、研究技術分析線路圖上**，上下的文字說明只是輔佐，只是為了方便你對照著看。文字說明當然也重要，但是，重點還是技術分析線路圖，請不要本末倒置，只把中國字「讀」過去，保證你不會有太大的進步。將來選擇股票的時候，每天要面對很多張的技術分析線圖，誰是優選、誰是劣等，你要一眼就能辨識出來。在書上遇到技術分析線路圖的時候，寧可多花時間停下來研究它，千萬別像看小說一樣的讀文章、看過就算了。有時候，我期望你可以不要被我的解讀所框住，去自己細細品味出屬於你的理解，因為這才是永遠屬於你自己的東西，這應該也才是技術分析線路圖這種語言最優美、最迷人的部份！你可以相信我，但也請別盡信我。這一向也是我自己對人、事、物的態度。就像你去看醫生，也不用盡信一樣。**心中牢記著文字中技術分析的要點，把重點擺在看技術分析線路圖上，一理通，萬理徹。**這樣進步才會快。

再往下的篩選個股重要因素稱為「相對強度」，每週統計一次，經過一段時間之後它就可以連成一條線，我們稱它為相對強度線。現在有了電腦就方便多了。它顯示在我們的技術分析線路圖中的第二欄（RSL）。它是衡量個股相對於整體市場表現的強弱度指標。**這是我們自己寫的公式，是僅此一家的產品，絕對是唯一！**

它們都是相對的：

可以簡單這樣講：一支上漲中的股票，有可能它的相對強度呈現出來的是相對弱的；而一支下跌中的股票卻可呈現相對較佳的相對強度，這個設計是比較性的、是相對性的。下圖4.16及下下圖4.17，我們藉由這兩圖來顯示這個概念，因為相對強度是針對個股相較於大盤的強弱度來設計。所以即使個股股價是只有橫盤，而大盤是稍為下跌的情況，那麼就算該股沒有上漲，該股的相對強度會是屬於相對強（上揚）的（圖4.16）；相反的情況是，當你手中的股票正處於橫盤階段，而此階段大盤是上漲的情況，那麼你的股票呈現出的就是相對走跌的相對強度（圖4.17）。當一支股票相對強度RSL表現弱勢時，如果大盤下跌，它很有可能就會首當其衝，慘遭無情的打擊。相反的，如果在相對強度上顯現優異的個股，當大盤止跌回升時，該股可能就此領先該波段的上漲行情。

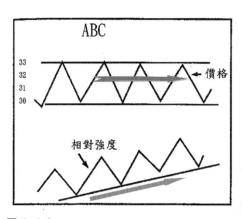

圖4.16

183

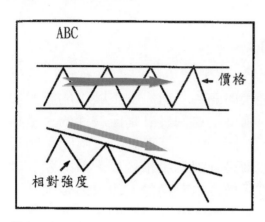

圖4.17

相對強度的初始構想計算公式為：

個（該）股價位／大盤加權指數

*這樣一個簡單公式當然不用花費我們兩年的時間來設計，出現在技術分析線路圖上第二欄的相對強度線 RSL 與此稍有不同，基本精神一樣，有一點點差異但不會很大。

經過一段時間的統計，自然就會慢慢的顯現出明確的輪廓、圖形來，我們稱它為「相對強度線」。相對強度有可能在上週為負值，而本週成為正值，當然也有可能本週為正值，而下週又變為負值。只要經過一段時間之後，它自然就會顯現出真正的清楚輪廓。一支股票如果出現優異的相對強度，其跌勢將被侷限，所以別拿它當作放空標的。雖說如此，但是如果它發生向下跌破的走勢，而你持有該股，此時你仍應尊重市場走勢而賣股出場。如果你發現相對強度線表現比價格表現拙劣，請不要考慮買進該股；相反的，如果你看到相當正面的相對強度趨勢，就請

不要對該股放空。

　　在我們的技術分析線路圖，第二欄，RSL（相對強度線）上有一條「零線」（在圖中以紅色點狀橫線顯示），如果RSL處於零線之上，它屬長期正向，處在零線之下則屬長期負向。當你在篩選股票的時候，**我們之前提過的選股程序、因素（比如：美國股市多頭、大盤多頭、類股確認正面、往上壓力最少、巨大成交量的確認）都是正面，就在此時刻，如果相對強度線也由負值區進入正值區，則這是非常重要的長期優勢指標。**

　　就放空來講，相反者為正確。當所有的放空因素具備時，如果相對強度線突破到零線以下是重要的負面因素。但請不要就此認為：RSL處於零線以下時，你就不能買進該股票；或RSL處於零線之上時，你就不能放空該股票。如果我們提及的所有選股因素皆屬正面，而相對強度線形態還可以且持續的改善中，那就進場買進吧。但是如果相對強度線處於負值區（零線以下）很深的地方且一直沒在改善中，此種狀況下，不管其他所有因素多麼的優越，千千萬萬不可考慮買進該股。

　　現在就讓我們來看看真實世界中有關於相對強度線的範例。

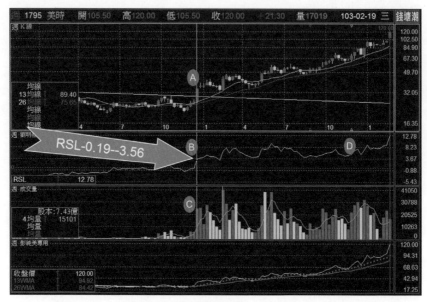

圖4.18（本圖由大師資訊提供，部份資料為作者所專有）

　　上圖，圖4.18，美時（1795）。 挾帶超級巨大成交量（C）的長紅K棒（A）突破了長期趨勢線，進入較具動態的第二階段，此時，其相對強度線（B）確實起了相當的作用，RSL由零線之下站上零線之上很遠的地方（－0.19→3.56），印證之前所敘述的：如果一切選股條件皆屬正面，**就在此時刻，如果相對強度線也由負值區進入正值區，則這是非常重要的長期優勢指標**。美時（1795）到今天為止已經上漲了四倍多，還沒有一點做頭的跡象，令人驚奇、訝異嗎？一點也不。你如果瞭解這四種多頭上漲要素集中在一起發生所併發出的股價推動威力，你就從此再也不會感到奇怪。

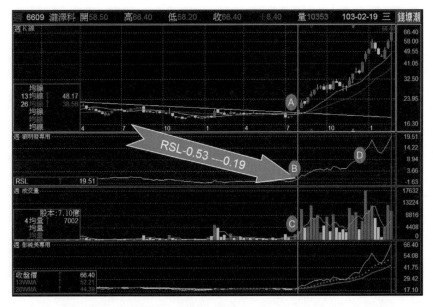

圖4.19（本圖由大師資訊提供，部份資料為作者所專有）

　　上圖，圖4.19，瀧澤科（6609）。與上上圖、美時的走勢幾乎是一樣的情況。俱備足夠的巨額成交量（C）（2953／1291）拉出突破趨勢線的紅K棒（A），此時相對強度線RSL也美妙無比的站上零線（B），（-0.53→0.19），進入了長期正面的優勢地位，之後相對強度線也一直居於高檔（D），它也已經漲了三倍有餘。階梯式的上漲，拉回盤整時成交量也都縮小下來。現在有比較不感到訝異了嗎？

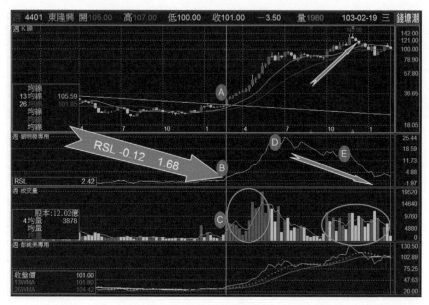

圖4.20（本圖由大師資訊提供，部份資料為作者所專有）

　　上圖，圖4.20，東隆興（4401）。與上兩圖一樣，挾帶超特大巨額成交量（C）、同時突破長期趨勢線的長紅K棒（A）、與發生於此時的相對強度線以美麗的姿態巧妙的站在了零線之上（-0.12→1.68），（B）。三個正面因素促成了東隆興的大漲（27.4→142.0）。三張技術分析線路圖的圖形所顯現出的三支個股大漲絕對不是偶然。技術分析線路圖絕不會是誤人的圖表。請你不吝惜的給它按一個「讚」。就算你是基本分析的絕對擁護者，也可以欣賞欣賞我們技術分析的美妙精彩表演。

　　大家應該也看到了上圖，圖4.20，東隆興（4401），我畫上的兩條箭頭狀細藍線，或許再美好的事務也都有落幕的一天。圖4.20上，兩條細藍線走的方向不一致了。這跟之前我們講的那一段符合？股價漸與相對強度線RSL走勢背離，這時候該相信誰？這時候要相信相對強度線

RSL！同樣大漲的前兩圖：圖4.18的美時（1795）、圖4.19的瀧澤科（6609）的相對強度線RSL都還沒有這種現象。而此圖，圖4.20，東隆興（4401），右側顯示的RSL卻不一樣了。股價即使走高或平盤，RSL已經不表態支持了。**除非再來一個挾帶非常非常大成交量的突破**，要不然此股不太好玩了。成交量也已亂了套，即使股價下跌量也縮不下來，甚至下跌時的成交量比上漲時的成交量還要大。真有一點點不好玩的味道了喔！這一章節全部看完之後，請記得要回來再看看它，那時候你就應該非常明白這支股票「現在」處在什麼「歷史」位置上。如果你發現相對強度線的表現比價格的表現拙劣，在此情況下，請不要考慮買進該股……這是之前我們講過的。

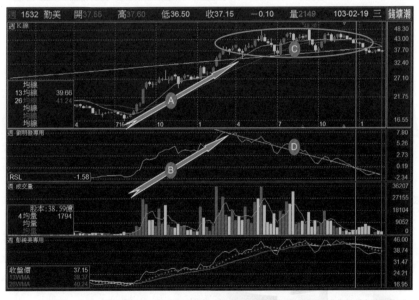

圖4.21（本圖由大師資訊提供，部份資料為作者所專有）

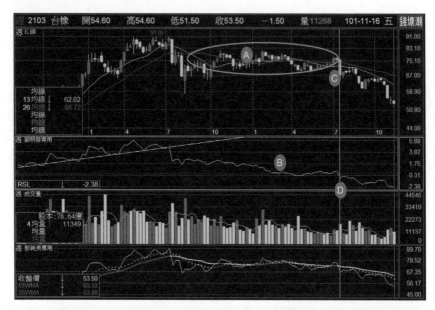

圖4.22（本圖由大師資訊提供，部份資料為作者所專有）

　　請看上面兩個圖形，圖4.21勤美（1532），4.22台橡（2103），它們顯示的是股價橫向盤整（綠色大圈圈所示）時，相對強度線往下走的情形。當相對強度線跌落零線之下時（請看兩個圖形的右側畫上去的白直線），股價下跌也會稍稍的加速。以上兩個圖形4.21、4.22它們要告訴我們的是：股票盤整時，只要相對強度線RSL往下走，該股就不應該是你該注意的、或買進標的。相對的，只要放空條件成熟，它反而是可以放進空方的名單中。

　　在圖4.21的C區，或圖4.22的A區，股價盤整，相對強度線RSL往下跌，如果於此時買進它，會對我們的機會成本不利，把資金耗在那裡不是好辦法，更甚者，在相對強度線RSL往下走的情況下，股票的走勢極大可能是往下的。如果於A區買進台橡（2103），現在都應是處於明顯的虧損中。因此，於此盤整時期買進該股實在不是聰明、恰當的交易行為。

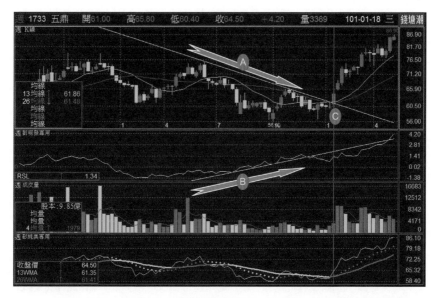

圖4.23（本圖由大師資訊提供，部份資料為作者所專有）

現在來一個與之前情況相反的技術分析線路圖，上圖，圖4.23，五鼎（1733）。一支股票如果出現優異的相對強度，如圖：A線（藍色線箭頭）股價往下走跌，相對的，B線（藍色線箭頭）相對強度線RSL則往上走，因此該股跌勢將被侷限，所以別拿它當作放空標的。這種RSL的圖形，只要有人輕輕一拉股價就往上走，因為RSL支持它。當漲勢還沒發生時當然用不著去買它，但是當時去放空它就有欠斟酌。

接下來，我們再來看看這真實世界中，當相對強度線表現不佳時到底會有什麼事情發生？！

下圖，圖4.24，網龍（3083）。挾帶巨量上漲（8594／2958），連續上漲的四週中成交量也都有模有樣，相當不錯的成交量表現，股價也漲到很遠的上方

（73.8→126.0），站上二十六週加權移動平均線，且移動平均線也已翻揚向上。所有量價關係都非常符合我們的選股要求，單就量價結構來看，它絕對是符合條件的標的，說真的，如果不參考相對強度線RSL，它或許顯示的是一個好買點，否則怎會有人在一個月之中前仆後繼的買進它。但是它最後卻以失敗收場。且很快又往下走低，再創新低價。**就僅僅因為相對強度線RSL不點頭、不蓋章**，巨量突破時相對強度線RSL不只不正面表態支持，它甚至還遠遠處於零線以下很深的地區（-3.85），這當然不符合我們選股的條件。買進它的人必身受其害，這是自己要擔負的後果，因為你忽略了相對強度線RSL這個重要因素在買進中的評估重要性。

其實這個突破點還隱藏著另一個敗筆，**不應該選在二十六週加權移動平均線的下降斜率還非常陡峭的地方做突破**，因為下降斜率還非常陡峭就是壓力還很大的一種表現，在前面「壓力」的段落我們曾提及過。看看圖4.24，網龍（3083），所有量價都符合我們的強勢股條件，可惜，相對強度線RSL就是不按個「讚」，徒呼奈何。或許有時候它可能會突破成真，而且最後也成為大贏家，但是我們不用為此擔他人之心。我們的市場遊戲規劃是尋求80% 到90% 的獲利機率，而不是賭運氣，既然它不符合我們在股票市場的遊戲規則，我們就另找其他的股票，將它們留給市場上的其他人吧。要永遠記得我們的一貫性，不要以為這次或許可能會不一樣。

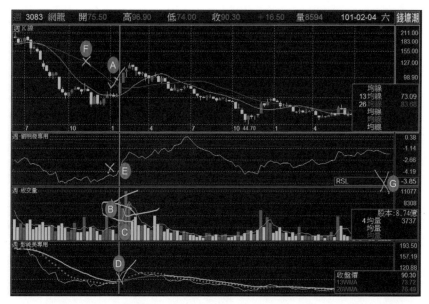

圖4.24（本圖由大師資訊提供，部份資料為作者所專有）

　　選擇處在圖形4.24中這個相同位置的突破，而最後以失敗收場，甚至再創新低價者所在多有。失敗的原因應該都是相對強度線RSL不表態支持，另外，二十六週加權移動平均線陡峭的下跌走勢所形成的壓力也有關係。

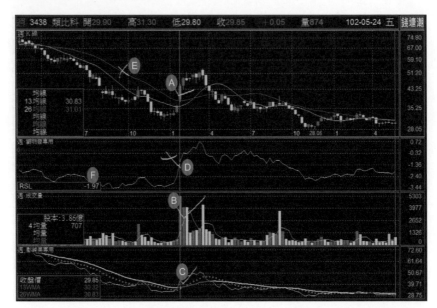

圖4.25（本圖由大師資訊提供，部份資料為作者所專有）

　　上圖，圖4.25，類比科（3438）。從技術分析線路圖看來，失敗的原因與圖4.24，網龍（3083）一樣，相對強度線RSL不同步起義。它的量能是超級特大的，這一點沒話說。挑選股票當然是符合越多正面條件越好，如果它不上選，我們又何必削尖了頭往裡鑽。這輛計程車沒搭上，就等著呼叫下一部，總可以吧。

　　所以教訓應該特明白。當你決定買進股票之時如果忽略掉相對強度RSL所散發出的訊息，那麼代價就是你必須承擔自身的投資風險。經過所有條件的篩選後，我們希望我們買進的是最棒的、超強的個股，而不是跟班的股票。**相對強度線RSL真的可以協助我們選中明天的大贏家！**

　　投資的目的當然是要賺取利潤、賣在高點。但是在股票市場的投資行為並沒有所謂的「十拿九穩」、「確實知

道」這碼事。我們在先前介紹了許多優異的選股策略，好的、精確的買進決策當然能使我們先立於不敗之地，但是如果想要在股票市場獲得優渥的利潤，則賣出行為將居於相輔相成的關鍵性地位。就讓我們繼續走上這投資的成功之道。

賣出股票的時機：

從買進股票的那一刻起，也就是代表預告了我們隨時都有賣出股票的行為、時刻將發生之時。下跌的股票如果沒有早早做出停損，當它跌到很深的谷底時，它將能使你灰心喪志、快速喪失戰鬥能力，不但衝擊你的投資組合，或許更能讓你從此沒有復原的機會。相對的，你是否曾經不只一次的買進一支好股票，當它在一年半載之後，確實也依照當初買進時想像的一樣，它上漲了好幾倍，不過此時它卻早已不在你的投資組合中，只因為你早已為了一小段的價差獲利了結了，你並沒有順勢坐轎。或許你會認為獲利了結、有賺就好，這樣做又不會讓自己破產，大概不會因為這樣就要上法院吧。不過，以長期而言，真理應該是：你必須順勢坐轎、搭順風車，攫取這種難得的巨幅漲勢機會，以彌補偶而（？）犯錯時所造成的虧損，有時候犯錯的機會還是相當多的。惟有如此，最後才會有巨額利潤出現。在第二階段賣出股票的原因不外是：「它漲到幾塊錢我就賣掉」、「回檔了，可能漲不動了」、「感覺現在股價好像太高了」，然後看著股價振翅高飛，這種錯誤的交易思維實在是完全可以避免的！完全依照技術分析法來操作。

股市投資人，他們總希望別人給他一個某支股票價位變動的理性答案，而最後他們真正得到的卻是藉口或推

論之類的。股市投資人很少有人真正明白市場並不是永遠理性的，上漲時總會漲過頭，下跌時也會跌過頭，市場所反應的僅僅是當時市場上彌漫著的市場投資客當時的貪婪心理或恐懼心態。如果投資人一直耽溺在樂觀的朦朧夢境中，則股價可以變得更高又更高，買進的投資人總是找得到理由或藉口，因為在市場行為中，心理學扮演非常重要的角色，這是群眾本能的一個範例。因此獲利的竅門便得接受這樣的事實：當股票處於第二階段時，要抑制自己的賣股衝動，直到上下翻滾、極度不安的第三階段開始要形成時才採取賣出的動作。你要知道，造成股票形成第三階段的原因並不是那模糊概念的股價過高或者是本益比過高，而是那可以衡量的供需失去了平衡！投資人不太想買了，需求量減少了，但是供給量卻還是源源不絕。危險的頭部形成開始於供給量追平需求量之際。

　　股票市場中有一種買賣技巧在理論上極佳，但在實際操作上卻是無異於自殺的邪惡策略，它的惡名就叫……「攤平」操作。它是最糟糕的投資規則，如果這樣的操作方式也叫投資的話。採用這種危險技巧的人等於是在乞求自己的財務大災難，如果你真的採用了這樣的愚蠢戰略，你真的有可能會有被一掃而光的一天。採取「攤平」操作的人天真的、理想化的認為，只要在較低的價位買進更多的股票，則它們只須反彈二分之一，便可解套出場，千萬不可落入如此誘惑人的美麗、罪惡陷阱中。在大多數的第四階段無情轟擊下，股票根本就不會給你任何解套出場的機會。這已不是我們投資時所使用的投資工具，確切的說它是極度投機的、是接近於賭博的行為。期待是支持繼續持有的愚蠢理由，而採取攤平策略的最大問題則是出於動機，它是為了減少損失才再買進股票，問題是，股票市場真會配合你投資人的想法嗎？企圖猜測第四階段弱勢股票

的底部更猶如用雙手在大海中撈魚一樣，終將無所獲。在失敗投資中學習如何漂亮的處理虧損局面而使損失控制在最小範圍內，是成功投資中最重要的一環，這是一個重要無比的課題。

在經濟學裡有一個概念稱之為機會成本，它泛指一切在作出選擇後其中一個最大的損失，有些經濟學家認為只要有選擇、取捨存在，機會成本便存在。它有些是可以量化的，有些則是抽象的。其中最重要的道理是：它告訴我們在對資源運用的各種可能性中（如時間的利用、資金的運用），要做最佳的選擇。它意指我們都只擁有有限的資源，所以我們必須要以最有效的效率來運用我們的資源——講白話一點，在這裡講的就是你我口袋裡的「賭本」。所以，我們要趕快有效率的處理掉虧損的持股，轉而買進有上漲潛能的股票，如此才能有效地增加利潤。

停損是最重要的投資規則：
有無執行停損決定了你的投資績效。

停損觀念與買進股票或賣出股票等其他的遊戲觀念是完全不同的。其他的買賣運作都是根據技術面線索或基本面消息來進行、來預測股價未來可能上漲或下跌，而採取買進或賣出的相對應行動，與投資人個人的狀況一概無關，只是口袋深的人買的較多，資金少的人買進較少的分別而已。但是，停損它所根據的是個人的經濟狀況。執行停損的最恰當時機當是：**必需在個人的損失尚未擴大之前、也就是能有效的處理虧損局面而使（把）損失控制在最小範圍內**。最重要的就是儘速認賠、賣股出場，把資金投入下一個賺錢機會的投資上。懂得、習慣停損操作的人其實心境是平和的、是輕鬆的，因為他知道，一兩個部

位的些微損失絕對不會對整體獲利產生多大的撼動。因為他有自信「下次再賺回來就好」，也才不會因小失大。當投資損失變大時，越不願意採取停損的投資人就越多，只因為痛苦指數降低了，虧損百分比、金額太大了，總是捨不得砍掉。基於上述，我們的遊戲規則就可以非常的簡單清楚：**一旦損失達到一定程度就賣股出場**，就是這樣。此時根本不用再理會技術面或基本面的其他狀況。又是知易行難？有停損的觀念已經非常不簡單，而能夠確實執行停損的決定就更是難上加難。它是屬於勇者、智慧者的行動結晶，決定落實停損確實是非常需要勇氣的行為。因為，採取停損行動幾乎就是否定自己之前的投資決定，也等於是在否定自己。你要知道，賠錢事小，承認自己的錯誤而來否定自己確實不容易！那確實不是一件簡單的事。它是智慧型的策略，它是勇敢型的行動。如果勇敢的特質是一個不懂恐懼的表象，那麼我從來就沒見過一個真正勇敢的人。所有的人都會害怕、恐懼，且人愈聰明，他們就愈會害怕與恐懼。勇敢的人，即便感到恐懼，也強迫自己繼續前進……在這裡就是果斷賣掉手中達到某種程度虧損中的股票。風箏是要逆著風才會飛得最高，不是順著風。

　　所以，致勝的真正關鍵其中之一還是要學習處理虧損的局面。讓我們對它稍作思考，要你我接受一兩個部位的損失是否真的那麼可怕？對大多數人而言，它是的，這也就是他們老是做出不適當決策的原因。然而接受一兩個部位的些微損失卻是生活的現實，也是我們做生意的成本，我們也唯有接受。我們要以成熟的、理性的方法跟市場打交道。世上沒有完美的事，**我們應了解最初的些微損失就是最佳的完美損失**，萬萬不可在惡劣的第四階段企圖打平，而採取了毀滅性的向下攤平。到此階段，因為虧損連連，你帳目虧損難看，為了彌補難看的帳面，你又採取

了另一個毀滅性的步驟。因為策略上的認知錯誤使你放棄了第二階段的贏家，開始獲利回吐那些仍處於賺錢階段的股票，用來彌補、美化虧損的帳面，留下投資組合內處處都是處於第四階段的輸家。是什麼驅使我們做出這種毀滅性的行為？賠錢事小，否定自己，太難。是嗎？這是否意味著「我又不是傻瓜」？他們把自尊與勝負綁在一起，純粹是「自我」的表現而已。大多數的投資人都會認為：如果他們挑中了大贏家，他們便是天才；如果虧損了，那他們是笨蛋，但是，事實是，兩者未必就能夠劃上等號。如果你因為戰術不佳而獲勝，那你所依賴的只是運氣而非你自己。如果你是依循確切的紀律而認賠，你的行為反而是正確的、是明智的。要注意：以後每當你下買賣決策時，你必須確定「自我」是在你的掌控中。靠運氣的輸贏是用「碰」的，當你運氣很背時，它可以讓你碰的頭破血流；遵循、採取一貫的操作策略來贏取利潤，它卻是可以一再的複製。

　　一旦發現股票真的開始出現警訊，二話不說……立即賣股出場。如果是在多頭市場中發現某支股票遇到麻煩、顯現弱勢，則這更是大災難即將來臨的警訊，賣掉它，就這麼做。繼續持有它的代價將會非常昂貴，不要誤認為多頭市場時總有一天也會輪到它上漲。任何時候，也不管什麼情況下，當手中股票逆轉時就應脫手，不論是處於獲利、虧損或打平。市場的無情判決不會知道、也不用關心你為該支股票付出的價格，獅子那會太在乎綿羊的意見，是不是。此時此刻就該是你平常所學習的客觀與冷靜端上桌、該上場發揮作用的時候了。

　　買賣股票幾乎早已是股票投資人的日常行為，很多投資人會以為買進股票與賣出股票只不過是一體兩面的同一

件事情而已，沒錯，買賣同一支股票也都是一通電話就可完成。但是，就目的而言，這兩種行為是不同的，走過的心路歷程更是不同。從我們之前討論過的章節就可知道，買進股票的行為是發生在我們嚴苛的選擇股票行動之後，此時，買進之前無論篩選條件多麼嚴格都不為過。買好離手，萬一被我們淘汰的股票中出現了飆漲的個股，我們所損失的也不過是一次的獲利機會而已，只要我們選中的個股也會漲就還好。賣出股票時就有些不同了，與買進股票不同的是，要賣出的標的早就存在了，因為一旦買下某支股票，將來不管是獲利、打平或虧損，總有一天都得賣出。賣出股票是確定獲利或虧損的行為，稍微猶豫不決，獲利就會減少或虧損會相對變大，買股票時考慮、選擇的條件多，賣出股票時則是較單純的，只要賣點出現，賣出即是。

　　第一階段進入第二階段的突破發生時，這是我們的第一買點。買進之後就是賣出的行動開始進行之時。**在設定最初的賣出價格之時，必須有保持彈性的必要性**。有時會把出場點、初次賣出點設於買進價格下方8％、10％、12％……或更多。百分比這時並非決定因素。相反的，二十六週加權移動平均線與先前的支撐區域才是兩個重要關鍵。**而在設定最初的賣點時，應該將大部分注意力集中於前一次的盤整低點，對移動平均線只稍為注意即可**。除了技術分析線路圖非常突出的情況外，儘量將要買進的對象予以縮減，使最初的設定賣點能設在買進價格的下方15％的範圍內。如果設定的賣點就在整數的上方，或恰在該整數，此時不妨將它改在整數的下方一點點，只因為很多投資人都喜愛在整數價位買進。比如於30.0的價位買進，如果照原來的賣出設定，以10％的損失承受，退場價格會設於27.0，但是一般整數價位都是比較堅強的防守堡

壘，所以不妨把價位稍稍的往下移動一點，設定出場點於
26.85，這是個實用的小技巧。

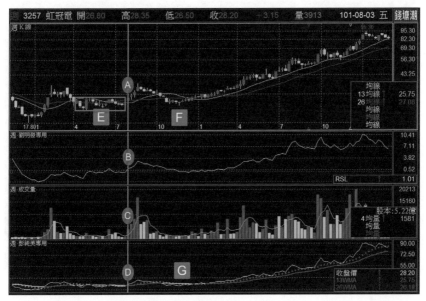

圖4.26（本圖由大師資訊提供，部份資料為作者所專有）

　　上圖，圖4.26，虹冠電（3267），A、B、C、D點全
部符合我們的買股條件。注意它的拉回最低點（24.3）、F
點，並沒有跌破上次的盤整低點（22.1～23.7）、E點，雖
然股票價格已經在二十六週加權移動平均線之下，照樣無
礙於股價的往後上漲。「**而在設定最初的賣點時，應該將
大部分注意力集中於前一次的盤整低點，對移動平均線只
稍為注意即可。**」

　　貪婪總須要時間的醞釀、發酵。看看第二章節的成
功技術分析線路圖，這種型態的成功模式非常的多，時間
的忍耐是你必須付出的成本。如果你是依據我們的買賣規
則，於第一階段底部區域突破進入第二階段時的A點買進
股票，應該很少有停損出場的問題，只要你不追高，你依

循的是我們歸納出的市場遊戲規則。

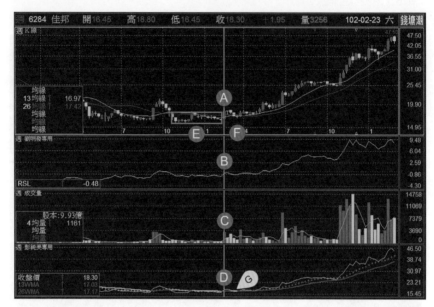

圖4.27（本圖由大師資訊提供，部份資料為作者所專有）

上圖，圖4.27，佳邦（6284）。同樣的，A、B、C、D點也都符合選股條件「屠龍」。雖然它的拉回最低點（F）已經在二十六週加權移動平均線之下、G點，且移動平均線也短暫翻黑、G，但是它並沒有跌至上次盤整低點、E點之下。所以，請記得這句話：「**而在設定最初的賣點時，應該將大部分注意力集中於前一次的盤整低點，對移動平均線只稍為注意即可。**」給予它們較彈性的活動空間。這是看過太多成功、勝利圖形之後的經驗結晶！當然相對重要的是，你於第一階段進入第二階段的A點買進時（上面兩圖也是A點的位置）不能搶高、不要追高，如果搶買在較高點，當它拉回較深時，確實會有賣股出場的較大壓力在。有空時請常常回頭去看看第二章節成功的技術分析線路圖，你就能體會上面這句話的重要性。比這些

更麻辣的圖形多的是。

　　股票在第二階段的行進中，只要股票處於保持上升狀態中的二十六週加權移動平均線之上，而且移動平均線處於第二階段形態的上升趨勢中，我們必須確定給予它們較大的彈性空間。股票即使在第二階段的行進途中稍微貫穿二十六週加權移動平均線，我們仍視該股處於「持有」狀態。但是這需以符合下列兩項重要準則為前提。首先，**二十六週加權移動平均線必需仍然處於上升狀態；而且，先前的拉回整理低點不能被跌破。**以前在第一章節解釋「多頭」的時候，我們提到的觀念是一高要比前高高，一低也要比前低高。破壞了這個多頭畫面，那它就稱不得是多頭，我們也只是單純把這觀念應用於此處而已，但是它是如此的重要。

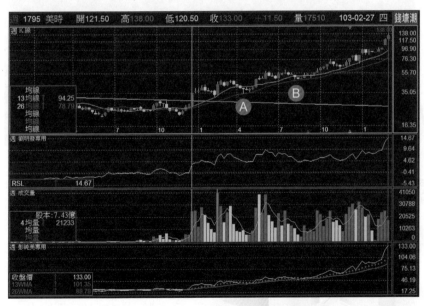

圖4.28（本圖由大師資訊提供，部份資料為作者所專有）

　　上圖，圖4.28，美時（1795）與下圖，圖4.29，威剛

（3260），解釋了上面的說明。即使回檔，股價短暫穿透二十六週加權移動平均線，但是移動平均線仍保持上升的狀態。拉回整理的低點（A、B點）都沒有穿越先前的整理低點。兩個圖形都顯示：二十六週加權移動平均線仍然處於上升狀態，先前的拉回整理低點沒有被跌破，即使移動平均線短暫被穿越，兩股仍續處於「持有」狀態。

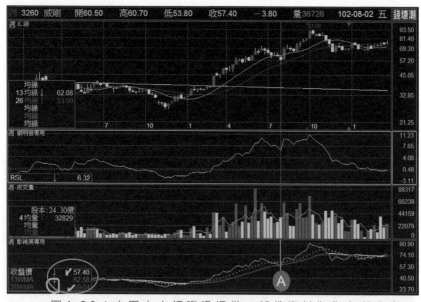

圖4.29（本圖由大師資訊提供，部份資料為作者所專有）

　　在第二階段的行進間，有時候被上下震盪清洗出場，總是在所難免，這不算是錯誤的行動，確保眼前獲利總比追求最大獲利重要，因為不知道股價可以漲到多高，當然也就表示漲勢有可能馬上就結束。一旦危機訊息消失，如果線形又轉為多頭，買進訊息再度出現，可以再以較高的價位買進，就把失去的幾元當作是保險成本吧。保護自己的股票部位免於進入第四階段的困境的代價是值得的。如果確定危險徵兆已消失，且買進訊號又再出現，那就應該

再度進場。所以，為了避開致命性的突發反轉，值得為偶發性的震盪洗盤付出一定的代價。

　　在第三階段頭部的成形過程中，如果能利用趨勢線，就應該要使用趨勢線，因為它是確實能為你鎖定更大利潤的有效方法。一條明確有效的趨勢線至少必須連接三個點。一旦趨勢線遭到破壞時，至少應該出脫一部分部位。剩餘的部位可以依照二十六週加權移動平均線來執行、處理，而這通常都發生在較低的價格。在大多數情況下，有效的趨勢線並不存在，此時應該採用二十六週加權移動平均線的賣出概念來執行。

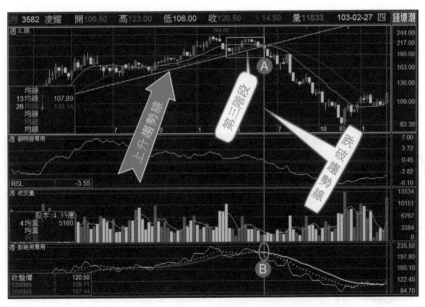

圖4.30（本圖由大師資訊提供，部份資料為作者所專有）

　　上圖，圖4.30，凌耀（3582）。在股票市場上，實際上能讓你痛不欲生的是喪失了全部的獲利，最後更以虧損出局。這種痛苦是沒有必要的經驗。如果於跌破上升趨勢

線時沒有賣股出場，最後可能就以來得簡單、去得容易收場。跌破上升趨勢線、A點，對照跌破第四欄的二十六週加權移動平均線、B點，移動平均線也於此時低頭向下。A、B兩點都是結清持股的很好時間點。未來幾個月，圖形完整顯現的是：不少人在該股乘風破浪上漲時乘勢搭轎，卻不知道該何時下轎，他們喪失了所有的獲利，最後實際上是以虧損收場的。我們並沒有賣在最高點，以後大概也永遠不可能會賣在最高點，但這很好，因為我們是跟真實世界打交道。但我們確切的在為期幾個月的時間內獲取可觀的利潤。更重要的是我們避開了可能會使豐厚利潤變成虧損局面的第四階段惡性恐慌下跌。

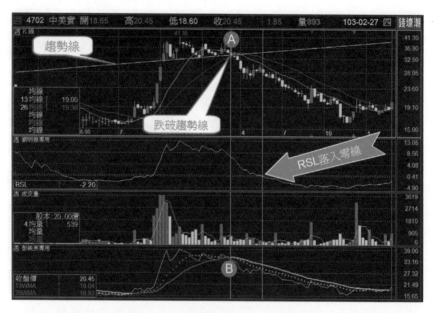

圖4.31（本圖由大師資訊提供，部份資料為作者所專有）

上圖，圖4.31，中美實（4702）。雖然圖形有所差異，但股價下跌走勢與上圖相去不遠。當股價跌破上升趨勢線於A點時，二十六週加權移動平均線的B點也於此時

做出了遙遙的呼應。我們還是不敢奢望爭取到賣在最高價，但當你賣在A、B點之後，幾個月過去了，回頭看到後面的走勢，你的心情會是很雀躍的。忘記下車的投資人，實際上最後又是以虧損收場，看看成交量就知道了，於上漲途中買進的人之中的很多人都沒有下轎。右側白色直線，當相對強度線RSL落入零線之下之後，股價的跌勢更快了。細心傾聽趨勢線所透露的訊息，因為它會告訴你上漲動力退潮的時間，以及多頭汽球何時開始洩氣。

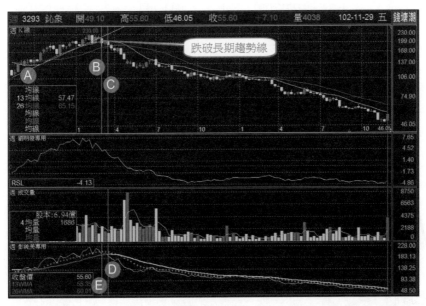

圖4.32（本圖由大師資訊提供，部份資料為作者所專有）

上圖，圖4.32，鈊象（3293）。當股價跌破長期趨勢線（A線）於B、E點時，其實就已經宣告沁象崩盤開始之際。總是稍為慢一點才跌破二十六週加權移動平均線（C、D點），當然又不是於最高點價位處出場。股票週期總是會循環，當你搭上順風車時，也請要記得於該下車時就該下車，如此才不會讓優渥的獲利縮水或溜走，又來

一次捶心之痛。不要再玩這種俄羅斯輪盤遊戲。大家應該可以從這張技術分析線路圖上看到了股票崩跌之後的股價走勢，那個地方、那個點可以讓你執行攤平的動作？莫再陷入此美麗的陷阱中。當股票趨勢改變時也就是我們對它的持股態度改變之時。

是否你也畏懼放空：

以長期的市場趨勢來看，雖然股票市場、類股或個別股票居於上升趨勢的階段偏多，但仍有大約三分之一的時間是處於下跌的階段。這時候我們該怎麼辦？離開市場？買進挫跌的股票？不！絕不！絕對不要錯失了短時間賺取巨大金額的機會：根據統計，股票的下跌速度遠遠快過上漲的速度。因為恐懼會造成恐慌性反應，形成壓倒性的賣壓；貪婪則需要時間慢慢的醞釀。所以，這與學習在多頭市場中選擇最佳類股中的最佳股票買進一樣，也要學習在空頭市場中選取最弱勢類股中的弱勢股票放空，這也是進出空頭市場單純而又合乎邏輯的操作方法。

為何那麼多人不想放空、畏懼放空。放空又通常被視為負面的遊戲，很多投資人不想賺「反面財」，更多的投資人被「地有底，天無蓋」的觀念掐住了腦袋。我看過所有的投資概念，裡面最荒謬的莫過於攤平，其次就是「地有底，天無蓋」了。兩者都是理論可行，實際上絕對不可行。因為地有底，所以你敢買股票？因為天無蓋，所以你就不敢放空？好吧，就算地就真有個底吧，我請問你，過去這個「底」對你在股市投資中的利潤「到→底」幫了你多少忙？這是一個大大的盲點，但卻又被股市投資人廣為流傳：一個股市老前輩說～＃※☆～。你如果過去買在宏達電的最高價位，而現在仍牢牢的抱住它沒放，請問，這跟有沒有底還有多大關係嗎？過去的許多股王股后，現在

價位前面的兩個數目字都被我們的「證券交易所」忘了打上去。如果你一直沒賣出，就算讓你真有個底又何如？這個「底」對該股持有人還有多大的意義，就只差沒跌到零而已嘛。有買進（賣出）、賣出（買進），每筆交易才算完成，每一筆買進都代表未來的供給，而每一筆放空則代表了未來的需求，股票下跌時，放空者回補股票，股票被軋了，也要「停損」買回股票，這種需求實際上可以緩和跌勢或者助長漲勢，那裡談得上全是負面的投資行為。

至於「地有底，天無蓋」的觀念之所以形成其實有它的原因的：股票的買賣、投資觀念完全錯誤，然後以訛傳訛！這有脈絡可尋。絕對多數的投資人都是虧損的，為什麼虧損？觀念錯誤導致操作方法錯誤。在第三章節中有個表格、圖3.17已經論述過了。可以簡單的這麼說，不該買進的時候你做多了，不該賣出的時候你做空了，如此而已，完全是觀念的問題。這跟日本人很喜歡的一句希臘諺語「個性決定命運」很相似，可憐之人其實必有其可惡之處。股票市場只是很單純的一場數字遊戲而已，不要加入太多自己的主觀與意識，股票漲跌又不是你我說了就算，手中股票的獲利要增加，靠的是市場人氣，而非你我個人的力量。你如果能操作「停損」賣出，為何還會有「天無蓋」的擔憂？你若不能「停損」賣出，有沒有「地有底」好像也與你無多大關係。追根究底，原來還是錯誤的觀念導致錯誤的執行、操作手段，千萬別再扯到運氣上了。

你是否會常常因為你認為本益比過高而放空股票？或者你是否會因為你認為股票漲幅過大而放空它？其實在找尋放空股票的對象時，你應該捨棄這種具有非常模糊概念的主觀性思維。股票走勢不會在乎你的主觀想法。股票的漲跌是一種趨勢，趨勢沒改變前代表的是供需也沒有改

變，買進的人多它就會漲，於此時放空股票絕對討不了便宜。

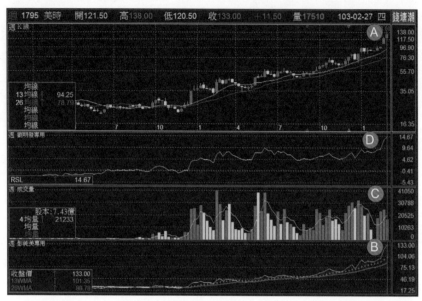

圖4.33（本圖由大師資訊提供，部份資料為作者所專有）

　　上圖，圖4.33，美時（1795）。下圖，圖4.34，美時盈餘統計（月報）。A、B、C、D點都還沒有一點有空頭的跡象，除了C點成交量少了一點點，是個缺陷、訊息。很清楚的顯示：基本面被高估、本益比過高都不是我們挖掘放空對象的途徑與目標，雖然很多市場人士採用了它。參加這種遊戲的人竟然能在股票處於如此強而有力、前進中的第二階段放空，奇怪的是，最後他們竟然仍舊還不知道為何他們會遭致失敗、慘遭痛擊。看過、吸收過我們階段分析理論的你，當然能理解他們是在揣測第二階段的頂部時，奉上了他們自己的頭顱。還喜歡玩蘇聯式輪盤？槍械的擊出只是時間的快慢而已，而你將被巨額虧損擊傷。絕對不可忘記重點：當一支股票處於保持上升狀態中

的二十六週加權移動平均線之上，絕對不可對該股放空。
只要它仍處於第二階段，即使已處於高價位仍可以漲得更
高。我們之前講過的不要設定某個價位就要賣出、不要隨
便拔檔，都是基於相同的買賣理念，觀念就是這樣。多空
觀念單純的顛倒一下即可，如果你確已明白我們所有有關
進場的內容，那麼你將也知道如何進行放空～只是細節
未明而已。之前我們不是一直強調不要買進一支仍處於
二十六週加權移動平均線之下的個股嗎？那麼把它顛倒一
下是？

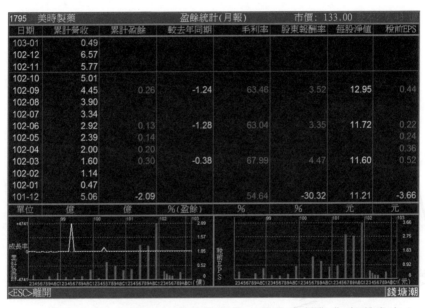

圖4.34（本圖由大師資訊提供，部份資料為作者所專有）

　　股票漲幅如果過大，超過明顯的合理價位，它看起來
似乎註定要下跌。每個市場週期都肯定會出現許多空頭股
票，他們最終也真的都是以股價崩跌來收尾……但是，這
通常都是在你的空頭部位以極大的損失回補之後的很長一
段時間，股價向下突破至二十六週加權移動平均線下方，

移動平均線也反轉向下，大多數空頭已被摧毀殆盡並且顯現出極端厭惡的態度，他們一點也不想再聽到有關該股的任何事，之後才會發生的事。拿高本益比、漲幅大來找尋放空標的？忘了它吧。永遠不可以落入高本益比、漲幅過大就意味著你應該放空該股的陷阱。

　　選定股票要放空之前，請先查核一下融券餘額（某支股票目前被放空的總股數），有時候這種空頭的陷阱其融券餘額可達日平均成交量的好幾倍以上。只要它開始上漲，之前的空頭就會爭先恐後的回補，單單就靠這個因素～不正常的大量放空股數～就能推動該股股價似乎不太合理的繼續走高。週復一週，愈來愈多的空頭慘遭斷頭。在你理解了之前階段分析之後，現在的你應該很明白那些空頭為何遭受慘不忍睹的痛擊。只要它繼續走高，誰也說不準它的確切高點在那裡，你硬要猜測頂部，就必須付出一定代價。這種狀況，單純只是之前叫你不要猜測底部的反面而已，非常有用，對不對？

　　不要放空一支成交量非常少的股票。其理至明，成交量如果非常稀少，無須太多的買盤就能拉高其股價，迫使其他空頭的恐慌、回補，會造成空頭擠壓效應，促使股價又再度輕易走高。另外，也不要犯下放空強勢類股的嚴重錯誤，不管該個股走勢如何的弱，只要它屬於強勢類股，它都有較多的機會走強。我們之前的買進原則仍然適用，只是顛倒而已。我們希望放空的對象是弱勢類股中的弱勢個股，尤其是當大盤市場也處於負面時。

應該確實執行的放空時的「七戒」：

1．絕對不可因為本益比過高而放空。
2．絕對不可因為股票漲幅過高而放空。
3．絕對不可對每個人都認定它會崩盤的股票放空。

4‧絕對不可對成交量稀少的個股放空。

5‧絕對不可對處於第二階段的個股放空。

6‧絕對不可對正處於強勢類股中的個股放空。

7‧絕對不可在沒有設定停損價位的情況下執行放空。

何時是放空時機、**如何**放空、**什麼樣**圖形的股票適合放空：

又是一樣的「何時？如何？什麼？」，如同在選擇買進股票時所採取紀律性的程序一樣，進行放空時也應該有這樣的程序與步驟。

整體大盤市場趨勢是一個非常重要的起點。我不會告訴你當大盤市場處於多頭時，絕對不可放空股票，雖然也有例外，但原則仍是成立。就像圖4.30，凌耀、4.31，中美實、4.32，鈊象，即使處於多頭市場，它們的空頭架構仍很齊全，至少可以將它們視為我們所持有的多頭部位的一種避險工具。不過一般而言，盡量保持單純，大盤屬於多頭時，我們希望選股買進；大盤架勢趨向偏空時，可以下手找尋放空股票。所以一旦我們確定所有市場指標皆在其二十六週加權移動平均線下方，而且第四階段也來報到，那這就是開始獵取放空股票的恰當時機了。

買進股票的時候，我們非常重視類股的重要性。反過來看，放空時候也是一樣，我們要尋找、鎖定明顯的潛在弱勢類股。找出具有負面型態圖形的類股，加以確定該類股已經跌破其二十六週加權移動平均線。相對強度線RSL趨跌的現象也是另一個重要的關鍵因素。最後，該類股內彌漫著相當多的技術性弱勢的個股也很重要。

213

　　下面三個圖形，圖4.35，4.36，4.37顯示類股對個股的重要影響力。塑化類股走勢不振、深入負面，其中個股亦深受影響。

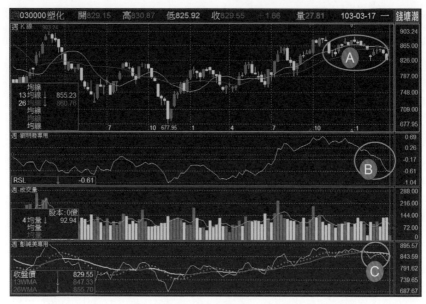

圖4.35（本圖由大師資訊提供，部份資料為作者所專有）

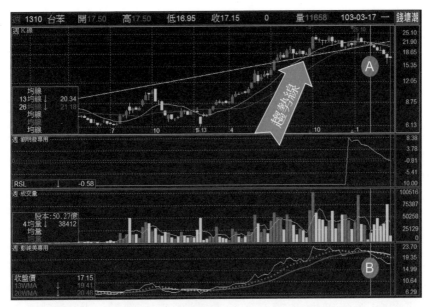

圖4.36（本圖由大師資訊提供，部份資料為作者所專有）

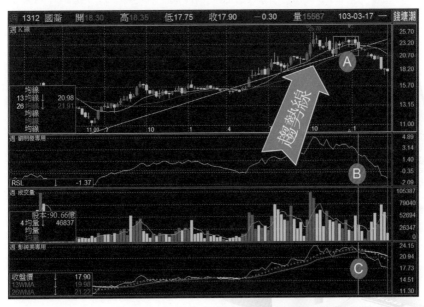

圖4.37（本圖由大師資訊提供，部份資料為作者所專有）

　　就個股的技術面圖形來看，什麼情形下它會是最佳的負面個股。我們希望找到的是一個絕佳的放空標的，而不是一個普普通通的對象而已。首先，確定該股在形成頭部之前股價曾經出現過相當大的漲幅。如果我們找尋的放空對象在第三階段頭部形成之前曾經出現過飆漲的情形，那麼在它形成頭部之後，它出現大幅挫跌的機率將會非常高。其次，在向下突破點的下方是否有重要的支撐區域，這是我們在觀察圖形時需要密切注意的另一個重要因素。附近若有堅實的支撐，跌勢就此打住的情形如果發生也就並不令人感到訝異。

　　絕對不可放空一支具有正面相對強度RSL的個股，尤其是當相對強度線RSL走高時。如果是在這種情況下發生股票向下突破而你持有它，你理應尊重趨勢、拋股離場，但並不希望此時你去放空它。相對強度線RSL處於零線之上的個股可以考慮放空，但它必須是明顯做頭狀態且趨於下跌的情況下。**如果技術分析圖形發生價位向下突破且伴隨著其相對強度RSL跌落零線之下，則這是一個很具負面意義的現象。這種股票通常最後都能成為放空的絕佳贏家。**

　　下圖，圖4.38，燁茂（4729）。盤成一個不算小的頭部於A區，B點穿破二十六週加權移動平均線之後，加權移動平均線向下低頭，頭部正式成型。其實這個圖形可視為變型的「頭肩頂型態」，不用太僵化，有相似圖形即成立。當相對強度線RSL跌落負值區後、D點，股價滑落的速度變快了。C、E點是其股價居於二十六週加權移動平均線之下。

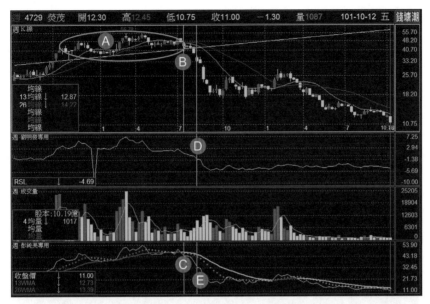

圖4.38（本圖由大師資訊提供，部份資料為作者所專有）

　　股票又是行其所必行，我們只是負責挑選脆弱圖形的股票作為放空目標而已。

　　在多空的遊戲規則中，大部分都是反之亦然，但是有一個顛倒的情形在這裡並不太適用。那就是成交量。當我們處在買方的向上突破時，巨大成交量居於相當的關鍵地位。未受成交量確認的向上突破，你絕對不應跟進買進。如果你已經買進，而成交量事後並未遭到確認，那麼你應該在第一段小漲中就應該將它賣掉。放空時則全然不同。雖然成交量明顯擴增在確認其向下突破時也是個很好的現象，**但是對於致勝的放空而言，巨大成交量並非是個充分必要條件**。股票上漲需要外在的力量往上推，但股票卻可因其本身的重量而大跌。放空很多成交量並未確認的向下突破，它們最後也都成為令人嘆為觀止的大贏家。如果成交量在向下突破時擴增，而在其往突破點拉回時反而萎縮，則這是更具負面意義的現象。雖然在買進時我們一直

強調成交量的重要性，但是在尋找空方的潛在贏家時，沒有必要將成交量視為主要的優先考慮因素。

　　我們在篩選放空對象時，要永遠偏愛下檔具有極小支撐的個股。理想的放空對象是其具有陡峭的第二階段漲勢，沿途並沒有密集成交區域，當反轉發生時，這種情況會發生遽跌。這與篩選上漲潛力的股票時，我們不希望沿途有太多壓力的情況是相同的道理。相反的，上漲緩慢的個股，因為沿途交戰區太多，股票下跌時它會形成阻力，不利下跌的速度與幅度。

　　下圖，圖4.39，英格爾（8287）。說明了這種阻力有無對股價下跌影響的概念。

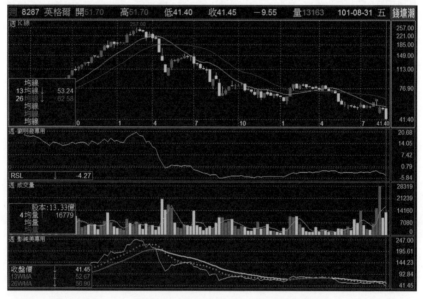

圖4.39（本圖由大師資訊提供，部份資料為作者所專有）

　　現在我們已明白在什麼狀況下不可採取放空的投資策略，也清楚了當放空環境成熟時，我們篩選空方股票的有

利條件與因素。與買進股票時一樣，放空也須接受紀律的規範，要不帶情緒的依據技術圖形釋放出來的訊息輕鬆執行，不可率性而為。

　　要如何正確執行放空股票？首先，尋找一支過去一年曾經大幅上漲過的股票，再來，你必須確定要放空的對象處於第三階段，而且其二十六週加權移動平均線的上漲已經走緩、甚或走平，如果加權移動平均線開始下降，那就更加有利，這一點非常的重要。同時尋找一支處於橫向盤整長達數週的股票，它所顯示的是派發的頭部正在醞釀中。最後，在加權移動平均線或最好在其下方找出明確的價位，一旦該價位遭到破壞即顯示第四階段的跌勢從此開始了。

　　下圖，圖4.40說明了這個概念：

　　只要股票ABC持續走高，而且股價處於保持上升狀態中的二十六週加權移動平均線之上，你就沒理由放空該股。但是當其加權移動平均線漸趨走平而形成頭部（A點）之後，形成主要跌勢的機率就變得較高些。

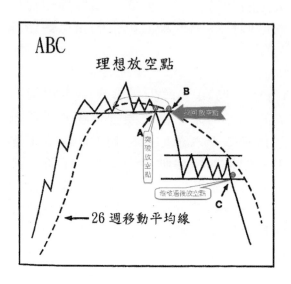

圖4.40

　　與買進時的買進點一樣，放空的最佳時機也會出現一樣的A、B兩個區域點。面對向上突破的時候，等它拉回時買進風險當然較低，但是它也有可能不會拉回，如此你將喪失一次獲利的機會，**所以我們於第一階段進入第二階段才推薦折衷的方法，突破買進、拉回**買進各佔一半部位。雖然單純顛倒過來也適用於放空的法則。但是我們必須明白一個重點，股票開始下跌之後，一般都會出現恐慌性賣壓，所以它發生向下突破後的拉回的機率遠遠低於向上突破的拉回。如果你自認為是位保守的投資人，而你也希望將風險壓低到最低點，則應以預計部位之一半於最初向下突破時放空，待它向突破點拉回時（如果成交量確認）再放空另一半部位。

　　第四階段行進間放空可行嗎？答案是當然可以，與第二階段行進間買進沒什麼兩樣，永遠不嫌遲。**但是這種**

作法僅適用在處於二十六週加權移動平均線下方的盤整形態，且向下突破再次發生之時。通常隨之而來的也是迅速且又瘋狂的斷頭賣壓。

　　請看下圖，圖4.41，新美齊（2442）。於A區盤了十幾個星期的隱形頭部，當C、D點發生確認性的向下突破之後，頭部正式宣告成形。當盤整於二十六週加權移動平均線下方的B線再度遭到破壞後，又來一次更慘烈的下跌，永遠不嫌遲的第四階段行進間放空，算起百分比好像贏過上面那一段的下跌。放空於頭部附近當然是最理想不過，但是真正的大輸家在觸及堅實底部之前看起來都可能會有大崩盤的疑慮。這種形態的適宜放空對象，應是屬於已經跌到無人喜愛的類股中的部分個股。此種形態的放空，必須確定整理曾經出現，而新的向下突破也發生。於放空的同時，你必須理出適當的放空點，上檔需有若干壓力及安全位置可供你的停損買單於必要時可供使用。

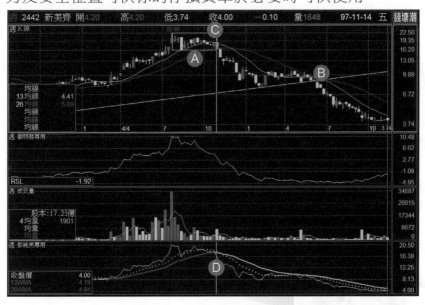

圖4.41（本圖由大師資訊提供，部份資料為作者所專有）

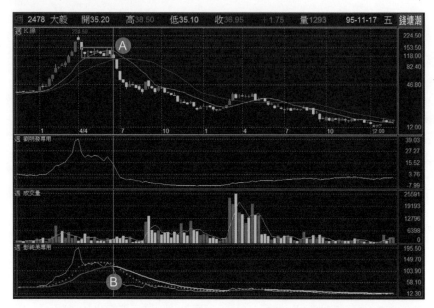

圖4.42（本圖由大師資訊提供，部份資料為作者所專有）

　　上圖，圖4.42，大毅（2478）。要如何正確執行放空
股票？首先，尋找一支過去一年大幅上漲的股票，再來，
你必須確定要放空的對象處於第三階段，而且其二十六週
加權移動平均線的上漲已經走緩、甚或走平，如果加權移
動平均線開始下降，那就更加有利，這一點非常的重要。
同時尋找一支處於橫向盤整長達數週的股票，它所顯示的
是派發的頭部正在醞釀中。最後，在加權移動平均線或最
好在其下方找出明確的價位，一旦該價位遭到破壞即顯
示第四階段的跌勢從此開始了。盤整區域被向下突破於A
點，B點顯示收盤價位低於二十六週加權移動平均線，且
加權移動平均線走平，接下來的走勢就照「教科書」中所
說的來走。上面這一段好像講的就是這支股票，好好參詳
圖文，吸收之後就是你的致勝武器。

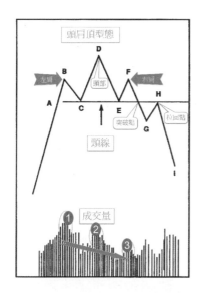

圖4.43「頭肩頂」型態模擬示範圖：

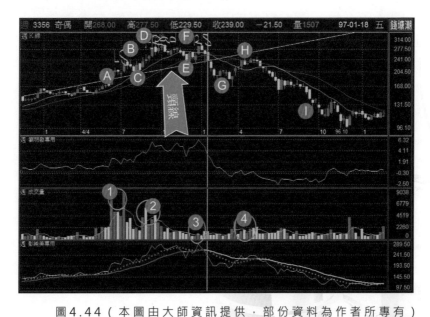

圖4.44（本圖由大師資訊提供，部份資料為作者所專有）

在搜索有利的放空技術型態時，「頭肩頂」形態最

是我們搜尋時的企盼所在，它可說是非常有利可圖的放空訊息。這是很敏感的訊息，一般而言，當你開始發現「一群」這樣型態湧現、此起彼落時，也就是大盤頭部將逐漸形成的訊號。小心！

圖4.43，「頭肩頂」模擬圖；圖4.44，「頭肩頂」現實世界實戰圖。兩圖的圖中標示點A、B、C、D、E、F、G、H、以及1、2、3，都指示在各自圖的相似位置上。

有效頭肩頂頭部型態的第一個要素就是某支股票走勢曾經非常強勁，而且已經有相當漲幅。這個型態最美、最奧妙的是它能辨識趨勢反轉。如果先前沒有足夠的漲幅以供反轉做準備，那就把它遺忘了吧。成交量在上漲期間應該遠高於其平均量，因為追高的人在漲勢即將結束之前蜂擁而上。然後當獲利賣壓出現，盤勢順勢拉回，形成了上兩圖（圖4.43、圖4.44）的B—C線段。當賣方力盡後（兩圖的C點），股票又拉昇到新高點（兩圖的D點），此時除了上漲時成交量不再增加外，還看不出什麼大問題。但是，成交量萎縮表示高檔買盤的追價意願已有所不足了，這是潛在麻煩的第一個徵兆。

第二次拉回整理（兩圖的D—E）很快又出現。這是可能有麻煩的第二個訊息，買方的貪婪力道已進入，股票看似要展開另一段的上升波，不過，它卻是小幅前進一些便再度回檔整理。了解股票弱勢的關鍵在於第二次拉回的幅度（兩圖的D—E）。前次高點價位（B）理應在股票拉回時發揮支撐的作用，但它並沒有，這種現象是明確的負面因素。

現在我們已有了潛在的左肩（A—B—C）與潛在的頭部（C—D—E）以及一條連結兩個回檔低點的趨勢線

（C—E）。這條趨勢線是潛在「頭肩頂」型態的頸線，應是我們注意的焦點。不論你要做什麼都可以，但請勿急著提槍上陣。不要因為大部份的拼圖已告完成而放空。約有三分之一的情況是這種潛在頭部最後不會完成，再以向上突破來結局。現在一切皆取決於下一波漲勢，上漲動能能夠恢復否？或者買方疲憊、賣方轉強。

如果下波漲勢（兩圖的E—F）未能超越前波的高點價位（D），或是更糟的情況出現——漲勢止於左肩峰位（B）的水平，那麼真的要小心了。它如果再跌回頸線，明確的右肩就出現了。**成交量在右肩時通常較少。**上面兩圖的最大成交量皆出現在左肩，這雖是圖形中或真實世界中最理想的，但一般最大成交量出現在左肩或頭部也並不構成任何關鍵性。可是，**如果最大成交量出現在右肩，則不可以相信該「頭肩頂」型態已完成。**如果此刻仍有那麼大的買盤力道出現，則該型態成為空頭陷阱的機率將會非常高。停看聽！就是此時最好的策略。

再來，下一波下跌（F—G）將股票帶入頸線下方。此時，潛在的「頭肩頂」成了真實的「頭肩頂」。這是所有型態中最具空頭意義者，如果所有情況許可（大盤趨勢與類股皆處於負面），放空該股。上圖，圖4.44，奇偶（3356），圖形中的突破後拉回點（H），成交量也不大，是很棒的第二次放空點。形成這個空頭型態的時間愈長，最終下跌的力道愈強，頭部越寬廣，跌幅越深。因為股票形成該型態的時間越長，便有越多的買家身陷其中，這些過遲的搭轎客在股價開始下跌而出現恐慌時，就是下跌火力的供給者。另外，從頸線到高峰價位的擺動越寬，該型態便愈脆弱。因為當股票做頭時的波動越大，買盤在高風險地帶願意承擔風險的意願也相對的高，不管他們是

接受基本面事實或信任謠言而買進。當空頭降臨時，強烈的信心與持股意願轉變為極度的失望與恐慌。賣壓傾巢而出，股價下跌將一發不可收拾。

　　先前高峰價位與二十六週加權移動平均線是你在設定停損買單時必須注意的兩項關鍵因素。與初次買進時一樣，這時候的初次停損買單應將注意力放在先前高峰價位上，對於二十六週加權移動平均線只稍稍注意即可。只要你的放空對象處於下降狀態中的二十六週加權移動平均線之下，應該給予相當的空間。與上升階段一樣，放空股票時也要應用趨勢線的獲利技巧。永遠留意這種頭肩頂的空頭型態，因為它們既有力道又有利可圖。另外，如果你在搜尋放空股票圖形中不斷的發現它們的蹤影，這種訊號就是代表你應該是將思考模式由多頭轉為空頭的時候的明確訊息。

平常我是這樣操作放空的：

　　要如何正確執行放空股票？首先，尋找一支過去一年曾經大幅上漲過的股票，再來，你必須確定要放空的對象處於第三階段，而且其二十六週加權移動平均線的上漲已經走緩、甚或走平，如果加權移動平均線開始下降，那就更加有利，這一點非常的重要。同時尋找一支處於橫向盤整長達數週的股票，它所顯示的是派發的頭部正在醞釀中。最後，在加權移動平均線或最好在其下方找出明確的價位，一旦該價位遭到破壞即顯示第四階段的跌勢從此開始了。

RSL變負					潛力股搜尋		合格家數:4			1030416
編號	證券名	代碼	收盤價	週漲%	週量	W/n1四	日成交量	D/n1八	26WMA	RSL
1	華　義	3086	12.10	-3.72	1725	0.38	0	0	12.58	-0.06
2	佳　營	6135	20.20	-8.91	2904	0.40	2326	2.61	20.01	-0.39
3	橋　椿	2062	✔77.90	-5.91	6216	✔0.93	0	0	✔82.13	✔-0.44
4	三　陽	2206	40.10	-10.97	21331	0.73	0	0	49.07	-0.44

<INS>設定　<F5>重新計算　<ESC>離開　　　錢塘潮

圖4.45資料為作者所專有

　　當發現（時間：1030416）空方觀察名單中有一支股票，橋椿（2062）（K線圖是否符合上面的描述？），出現在潛力股篩選名單：RSL由正變負中（圖表4.45），抓出K線圖（圖4.46）一看，BINGO，頭部正要成型，隔天趨勢線一破，放空於76.70，美妙的放空，圖4.47；兩個星期後的K線圖（圖4.48），此刻大盤並沒有下跌喔。表格中另外一支股票——三陽（2206）（圖4.49）也表現不錯。

　　頭部第三階段成型，上面盤了一個不小的頭、趨勢線跌破、相對強度線RSL恰於此時掉入零線之下、股價位於26週加權平均線之下、26週加權平均線也恰於此時反轉向下、跌破時是帶著龐大成交量～所有負面訊息齊聚一身。

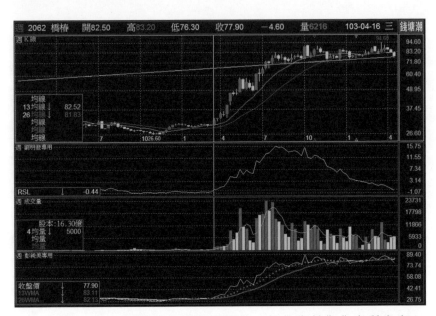

圖4.46（本圖由大師資訊提供，部份資料為作者所專有）

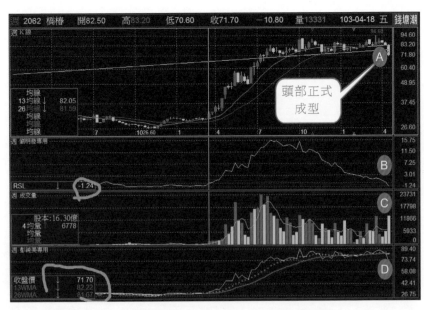

圖4.47（本圖由大師資訊提供，部份資料為作者所專有）

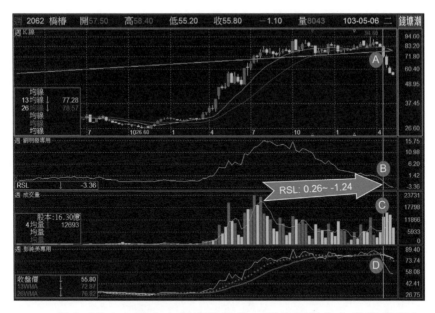

圖4.48（本圖由大師資訊提供，部份資料為作者所專有）

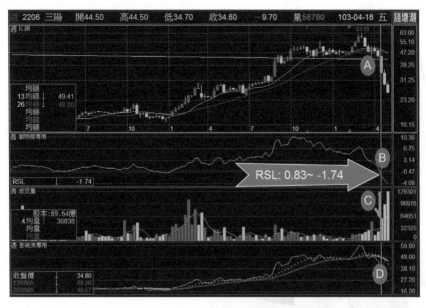

圖4.49（本圖由大師資訊提供，部份資料為作者所專有）

技術分析線路圖永遠最想扮演的是「我是你翅膀下的風」、它最想對著你說的話是「你是我的英雄」，有一天或許它也希望你對著它輕聲地說「謝謝你」，在此，我萬分希望你藉由技術分析而成功，我永遠相信，每個人都有機會扮演起撐持他人的英雄。

剛剛運動回來，正想要烘焙小女兒瑋芬從肯亞帶回來的咖啡生豆，以便明天我太太純美北上時送給小孩。恰好看見網路上我兒子威慶E-mail了下面這張技術線圖，他寫的標題是：咖啡豆大爆發啦！？下圖，圖4.50、圖4.51。你對咖啡豆往後的走勢看法、意見是？我需要你的意見。

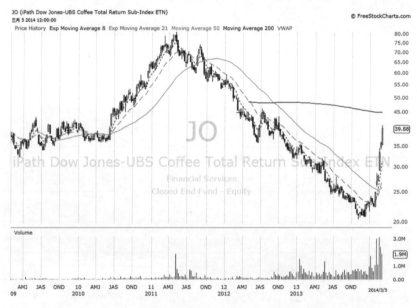

圖4.50 咖啡豆大爆發啦？！

看到了威慶的e-mail所顯示的咖啡豆技術線圖，讓我想起了下面這篇我寫過、收藏的有關咖啡豆的感想小文，一並呈現。下面這段短文不是今天寫的，那是我看了聯合

報2014.01.10的新聞後有感而發寫的，收藏下來，快兩個月了。2013「假」年才剛過去兩個月，這幾天「假」餐飲公司又見新聞，唉。但是「假的」只有爆出的這些而已嗎？

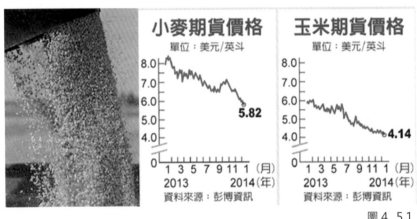

圖4.51

　　與小麥有關的產品降價了嗎？台灣近來食用品萬物皆（飛）漲，連我這種收入的人都覺得物價漲得太離譜，那些個領固定薪資者怎麼受得了？對那些弱勢團體及低所得者，政府及民間應當盡一切力量來幫助他們。 或許過去的一些消費習慣還真需要改一改，但是食用物價確實也漲得太離譜了。每當我運動完後到菜市場買水果時，常常會碰到一些家庭主婦問完價格後就走開，你如果現場看到她們當時的表情鐵定會心酸！即使買下以後也大多數會丟下一句「怎麼這麼貴？」，「沒辦法、沒貨、收成不好」，這是老闆的制式答案。請問你，當原物料降價時你也降價了嗎？電視上，前一陣子有人很無聊的問咖啡飲料經營者「為什麼咖啡豆降價那麼多，但是你們的咖啡售價一直都沒有調降？」，「咖啡豆在我們的營運成本裡算是很低的」，這是他們的答覆；但是，如果有一天咖啡豆翻

身了，你就等著聽賣咖啡業者的另一套說辭。物價為何會這樣？誰是始作俑者？當人民日子不好過時，誰會是受益者？

是什麼環境與成長背景，讓我們害怕失去、短視近利，甚而貪小便宜。於是油價、電費、健保費要調漲時，大家哇哇叫；而不是從使用者付費的角度省思，如何做好能源節約，或替代資源的使用與開發，降低成本。

養尊處優的醫師娘、從不曾下田的大老闆也一起擠在那裡領老農津貼，你覺得合理嗎？為什麼這些人不覺得這種行為可恥？連醫師娘都想當假農民，覬覦個每月七千元的老農津貼，那麼，有錢人想要圖免牌照稅的優惠也就不那麼令人感到意外了。

我們當然可以不要這樣，方法也不難，就是更多時候當個「利他的傻子」，不要去當自以為是的聰明人，告訴你的孩子，不需要的東西我不取。不要急著眼前我有沒有，而是未來，我們的孩子、孩子的孩子還有多少。

第五章 財富通關密碼—— 屠龍刀、量奔放

　　一如在第一章節中所對你承諾的，關於技術分析，我們僅處理對於賺錢十分重要的因素，而將一些次要的因素擱置一旁。在前面章節中所有展現過的技術分析線路圖，從頭至此都是同樣的四個相同的欄位，往下這一章節亦復如是，真的，這就足夠了。現在我更要這樣說：就技術分析線路圖而言，無助於獲利的知識根本就不需要學。如果你曾經是堅決的基本分析擁護者，在你看過前面章節之後，你有否經歷過萎縮的徵候，曾經有幻象形成過嗎？還是對你的基本分析已經有相當大的加分效果。現在的你是否已經更相信「一眼勝過千萬盈餘預測」、「軌跡呈現一切」的技術分析線路圖？所有看過本書的人是否已經漸漸跟我一樣，忽視重要的新聞報導、不為其他投資人所影響，而只將全部注意力完全投注在軌跡線圖中傳遞的訊息。

　　看過我們的所有章節之後，就在你看過那麼多的成功技術分析線路圖之後，你是不是已經有了這樣的概念：想要持續獲利，參考過去的成功獲利模式的技術分析圖就是最好的辦法。因為它們在各個時間點戰勝了市場行情，所以它們的獲利模式確是值得學習的。看過第二章節集中了那麼多的成功模式之後，是否你自己也已歸納出它們會成功的模式大都是以什麼樣的型態出現。雖然實際做過歸納的人都知道，這對初學者來說並不太容易且又耗費時間。不過，天下本就沒有白吃的午餐，只要值得做就要做，不做的結果或許只剩下以後的後悔。我們的獲利規則運用起來非常的簡單，且又那麼的有效率，它呈現的結果就是那麼的美好。各位讀者若能於讀過本書之後，立即增加、顯

現你的投資利潤，我就得償所願。

　　以下這一章節就以一些比較特別的、有利利潤的技術分析線路圖分享大家。我並不是說其他那些我們沒提及的絢麗、眩目的技術分析型態沒有作用，而是它們對於你我在市場中攫取厚利並不屬於有關鍵性的作用，所以我們不用為其他一些型態所迷惑。但是有幾種型態你應該熟悉，它們並不難辨認，而且非常的有利可圖。我很怕我現在的說法被你誤解了。以下這些圖形確實都歷經精煉過，它們也確實可以提高你的獲利，但是要論重要性，還是我們之前講過的那些買進程序更為重要。比如說，我們之前在為「多頭」下定義時所說的是：一高要比一高高，一低也要比一低高，簡簡單單幾個字而已，這幾個「中文字」你也都認識，其中也並沒有很特別重要的黑字體。但是，你如果不常將它們這種序列記在腦中，應用到技術圖形上，或者你根本不是太注意股價「高、低」它在技術分析線路圖上的變化、位置，最後吃虧的還是你自己，這樣你的技術線圖的解讀實力也將難有所精進。那些概念都非常地重要，每個環節對你我來說都同樣的重要，大家如果能夠切實遵從、力行，經年累月，你將會為其展現的效果感到愉悅且訝異。這就是為什麼此章節的標題我把它立為「財富通關密碼——屠龍刀、量奔放」的原因，我不把標題與此章節介紹的扯上關係。第二章節中那些勝利的圖形都符合這種選股標準。所以不要緊盯著下列這些圖形是否常出現，你只要熟悉它的技術圖形、會辨認就可以，等它出現時順勢搭乘順風車就好。過年過節那有平常過日子的重要，是不是？

　　首先是「頭肩底型態」（head-and-shoulder），我平時就把它簡稱作「HAS」。這是所有底部型態中，最強有力且最可受信賴者。絕大多數的股市投資人應該都聽過

它，但很少人在面對它時能夠很快的辨識它。這種動態、具爆發力的技術型態是當一支股票歷經主要的下跌之後出現的，它已準備好向上強力、大幅的反彈。當我還是醫科學生時，每當上病理課程，不管是書本上寫的、或者是教授講的一些症候好像我自己身上也都有一樣；現在的你可不要以為隨便翻閱幾頁的技術分析圖，這個有力圖形就常常會在你眼前出現。它不會那麼常出現。

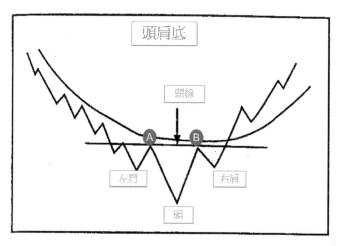

圖5.1當上面這個具爆發動力的型態圖形攤開在你眼前時，你應已能想像什麼是你我所憧憬、期盼的。

首先，恐慌下跌波促使該股跌至新低點，接著是超賣後股價反彈至A點，左肩剛剛形成，但是否定形尚言之過早，無法確知，不過總已有個樣兒。接下來該股又遭受另一次不利訊息的打擊，迫使股票再次跌落到第四階段中的另一個新低點。就在急切的恐慌賣壓之後，該股令人訝異的彈升到上次反彈點相同水平附近（B點），這是力道初露的第一個徵兆。在這之前，所有創新低價之後的反彈都在先前高點之下便折返。雖然買進尚屬為期過早，但你已感覺到好像某些事情正在醞釀中。在此極不尋常與多頭

的行動中，頭部剛剛隱約的形成。接下來又發生另一波下跌，不過該股股價並未再創新低點。實際上，股價甚至沒有折回到上次的低點，這又是一個顯現力道的有利徵兆。反彈高點（A、B點）理想化的處在大約相同的價位附近，而在頭部左右兩側的賣壓也大致相同。**但請不要過份執著，也不要太過僵化、不用太過理想化：A、B兩次反彈高點與左右兩次賣壓都可以稍有差異，重要的是確定有某種對稱型態存在，以及可資確認的頸線。**

　　圖形中的A、B兩個點（最初的兩個反彈高點），應以趨勢線連接而稱之為頸線。賣壓解除後，股價再度彈升，如果該股股價突破到頸線上方，則多頭的另一徵兆又再次出現。在股價尚未突破頸線之前，不要過早採取買進行動，於很多情況下，「頭肩底」最後並沒有完成，股價反而再向下突破。

　　至於「頭肩底」型態的成交量，各種怪異的理論多的是。多數理論認為下列情況屬於多頭的劇本：左肩成交量最大，頭部形成時則略減，右肩形成時則萎縮。但也有人說打底時的成交量並不是頭肩底型態未來上漲潛能的指標。我的看法是：肩部、頭部的成交量我們可以不過問，但是，跌至最低點後反彈至B點的過程中，成交量應該要慢慢有所擴增，突破頸線後之成交量應該要獲得確認，有關成交量的法則都應該遵守。有兩個訊息既重要又非常可靠。它們都出於我們的系統中，它們重要得讓你不能去忽略它。**首先必需確定二十六週加權移動平均線的形態良好，它不應處於下降趨勢。**當股價突破頸線之後不應該再處於二十六週加權移動平均線之下方。即使股價突破到頸線上方或者它移動到加權移動平均線的上方，只要二十六週加權移動平均線持續下降中，都不要買進該股。如果加

權移動平均線隨後停止下降，你可以在該股朝平均線拉回時才考慮買進與否。如果在突破頸線之後，股價仍處於加權移動平均線之下方，也是不可買進，待二十六週加權移動平均線狀況澄清之後再作決定。

　　第二個重要訊號是：股票突破頸線與二十六週加權移動平均線之時與之後的成交量。雖然說你沒有必要花費太多時間去研究有關頭肩底形成期間的成交量變化，但你卻必須對形成之後的成交量變化加以關心。我們先前有關成交量的法則討論在此依然成立。突破時成交量必須明顯擴增，否則它便不足以獲得信賴。

　　以上是「頭肩底」型態的形成過程與理論，現在就讓我們從現實世界中的技術分析線路圖開始練習，相信你很快的就能從眾多圖形中敏銳的辨識出它們：

　　下圖，圖5.2，晶豪科（3006）。漂亮的頭肩底週線圖。它盤了將近一年，通常它們都比較快速的形成，但這也並不會使它變得較為無效。股價下跌至33.75然後反彈到40.4，反轉左肩已然形成。再來一個小下跌，股價並沒有破前次低點，然後再次反彈，股價高點約在上次水平40.3，這是第二個左肩。股價隨後又隨利空再來一次更強力的下跌，造訪新低價24.6。就在賣壓耗盡之際，股價強力反彈，它要彈到何處？它巧妙的來到上次反彈的高點附近39.9，稍微有譜了，反轉頭部現在形成了。晶豪科（3006）能於創新低點之後，能一舉強力反彈至上次高點的水平，這是很重要的多頭徵兆之一，此舉誘引市場侵略性買盤開始回流到該股票。

　　接下來的下跌使晶豪科（3006）下挫至32.4，與左肩

低點33.75相去不遠。在下次彈升開始時，右間已完成。現在應該把注意力全部放在連結A、B兩點的頸線之上，當股價移到頸線40.0之上，頭肩底型態宣告成型。股價立於二十六週加權移動平均線之上，加權移動平均線處於上升狀態中。看看突破時及之後的巨大成交量，真是夠憾動市場、激勵人心。相對強度線RSL由零線之下站穩於零線之上（-0.14→2.43），此乃另一有利正面因素。突破頸線之後，它用了半年的時間讓股價漲至149.5。

　　當我剛才提到相對強度線RSL的時候，你有沒有馬上想到下面這句話？如果你的答案是「有」，那你進步太多了。**「我們之前提過的選股程序、因素（比如：美國股市多頭、大盤多頭、類股確認正面、往上壓力最少、巨大成交量的確認）都是正面，就在此時刻，如果相對強度線也由負值區進入正值區，則這是非常重要的長期優勢指標。」**當股價突破、趨勢改變時，如果加上相對強度線RSL的呼應，那是利上加利。如果有兩個左肩，一般純技術分析師會要求右方也要有兩個肩部以為對應，我不同意。一旦必要條件充分滿足，這種對稱性顯得不重要。因此即使這裡有兩個左肩，這並無不尋常，也無礙此型態所蘊含的多頭氣勢。無論如何，當股價突破頸線之際，便是極佳的買進機會。能抓住投資人眼光的巨大成交量與表現突出的相對強度線RSL也提供了一定的助力，二十六週加權移動平均線狀況良好。

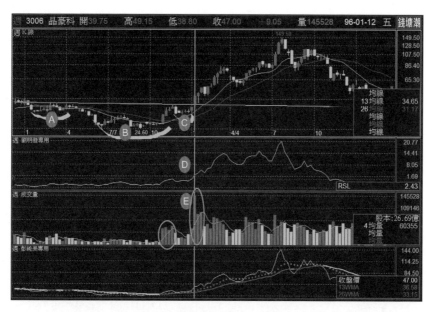

圖 5.2（本圖由大師資訊提供，部份資料為作者所專有）

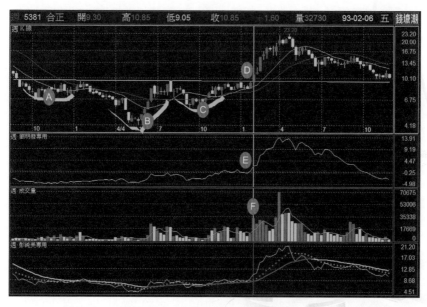

圖 5.3（本圖由大師資訊提供，部份資料為作者所專有）

　　上圖，圖5.3，合正（5381）。這張技術分析線路圖夠久遠了，但它是台灣股市的歷史一段，我一直保留著它，保留它的原因不是它在兩個月的時間讓我賺取一倍多多。而是，就像每個病人背後都有其故事一樣，合正（5381）在這段時間也有它自己的故事。顯現在這裡則是為了頭肩底這個強而有利的圖形。

　　股價於第四階段的創新低後，反彈、盤整，漸漸形成了左肩於A區，股價再次回挫，再創新低價，然後伴著成交量的些許增加，股價彈升至上次的反彈高點的價位水平，這是利多，B區頭部成形了。賣壓再次出現，但這次的賣壓未能再主宰全局，買盤已不再作太多的讓步，股價並未再創新低價，僅止於略低於左肩的價位。當股價翻升時，右肩成立了，現在又是把注意力集中於頸線的時候，當股價挾帶超大成交量突破頸線於D點時，就是我們遞上買單的時候。此一頭肩底圖形也有兩個右肩，照樣無礙於它的飆漲。成功的頭肩底，成交量、相對強度線RSL也提供了助力。二十六週加權移動平均線也都處於良好狀態中。

　　這支股票於突破時我也推薦給一位病人買進，但他隔週回診時就說已賣掉了，看看K線圖，那個星期確實有衝高再拉回的上影線，但為什麼就這樣把它賣了？賣股票的原因是？他知道我還沒賣掉時的那個笑容還真的是難以說明——大概認為股票回檔了都還不賣。為什麼犯下錯誤之後還那麼高興。「錯」這個字你我都會寫，「錯誤」的事我們也常犯，「知道錯誤」須智慧，也不是那麼容易「改正錯誤」須勇氣，它還真有一點難。不過，沒關係，下個星期K線圖就已給了他答案。於不同時間點買相同一支股票，當然獲利會不一樣；於相同時間點買相同一支股票，獲利有時還是會差很多，理由安在？現在的你應該要非常

清楚這個「理由安在」才是合理、應該的。

　　剛進入股市的時候，常看到雜誌上寫說股市主力的厲害，K線圖都是他們畫的，那時候也只是說說聽聽而已，並不以為真。合正（5381）飆漲落幕之後大約一年半的時間吧，從媒體上得知市場主力「古董張」被檢調搜索、起訴，罪名是炒作「合正」這支股票，坑殺投資人。從那時候起就真的有一點點佩服這些人。其實單從技術分析線路圖來看，投資人是怎樣被坑害的？你如果是依據我們的投資法則，照圖買單，感謝他都還來不及呢？是不是。那些提出告訴的人應該都是看股市節目跟隨買進而慘遭套牢的人。現在的你是否更篤信技術分析線路圖，賺錢、賠錢的分際點就在這裡！說真的，這些股市作手還真的是非常利害，連相對強度線RSL好像也算計得非常的準確（那時候我還沒寫好RSL，圖中的RSL是後來寫好後才套上去的）。張先生出了一本回憶錄，不錯看，有意思。

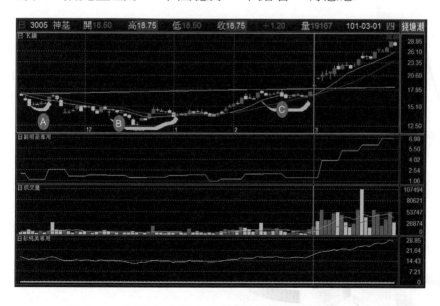

圖5.4（本圖由大師資訊提供，部份資料為作者所專有）

　　上圖，圖5.4，神基（3005）。這是神基這支股票頭肩底成型的日線圖，成型後來了一段大漲。有時候日K線比週K線還好認出頭肩底的技術線圖。

　　從以上幾個技術分析線路圖，你應該可以發現，就在它們形成頭肩底型態之際、之後，買盤都非常的強勁，甚至隔天都是以高盤開出，它透露給你的訊息是：有不少的投資人，跟你我一樣，也瞪著眼在注意著這個技術線形的形成。你是否已經開始明瞭我們要尋找的標的是什麼？能夠於第一眼辨識出有效的第一階段頭肩底型態非常重要，一旦發生時，你絕對應該乘勢搭順風船。另外，頭肩底型態也可以是大盤或某一類股的指標。雖然一兩個零散的獨立型態對市場並無多大意義，但在同一時期如果數個此種型態同時形成，那便具有更大意義，它預言大盤市場要走多頭了。如果某一類股中有幾個這樣的多頭指標形成，則該類股將成為大盤的多頭指標，該類股最終也將成為市場的大贏家。

底部愈大　上漲潛能愈大：

　　當股價平穩期愈長，股價波動越小、越緩慢，交易量越薄弱，它就會累積越多的上漲能量。一個大型底部可以推動一支股票長期走高，就像一棟大房子須要建築在一個寬廣堅實的地基上一樣。就技術面而言，**所謂大型底部的意義為：持股在第一階段形成期間經過慢慢的、充分的換手，而且持股意願相對的較高，所以成交量都不大。**很多先前的潛在賣方，厭倦地希望打平脫身，現在都以低價拋售其持股給一群新買方，這使得上檔壓力減少，且新進場的持股者對持股更有耐心，大家都較能等待該股大幅上揚後再賣出。

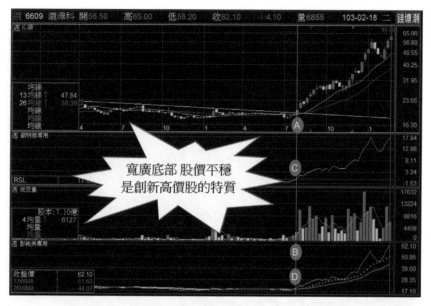

圖5.5（本圖由大師資訊提供，部份資料為作者所專有）

　　上圖，圖5.5，瀧澤科（6609）。之前我們強調的所有上漲的正面因素都出現了。當瀧澤科移到壓力之上方（A點）時，其長期寬廣底部已宣告完成。成交量在突破時增加（B點），其上檔幾乎沒有任何壓力存在，相對強度線RSL在突破時也邁入正值區（C點）。二十六週加權移動平均線也呈現翻紅狀態（D點）。還有什麼比這更美妙的事，K線圖（股價）就像快樂的音符在樂譜上跳躍著。

　　以下幾個圖形。圖5.6，橋椿（2062）、圖5.7，車王電（1533）、圖5.8，胡連（6279）、圖5.9，建暐（8092）。都是顯示相同的情形：底部寬廣，持股穩定，股價波動較小，成交量萎縮。

　　當你體會過後，你現在應該很明白：當你選擇股票的

時候，當所有條件大約相同時，有此條件者當優先勝出。

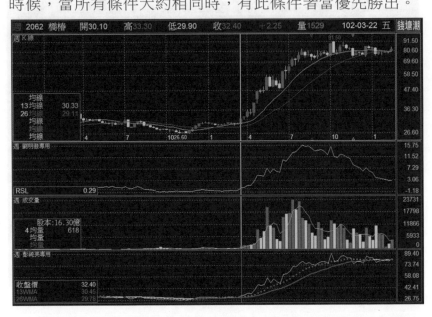

圖5.6（本圖由大師資訊提供，部份資料為作者所專有）

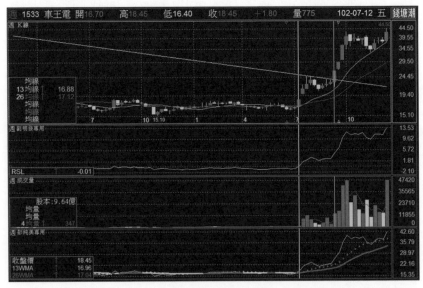

圖5.7（本圖由大師資訊提供，部份資料為作者所專有）

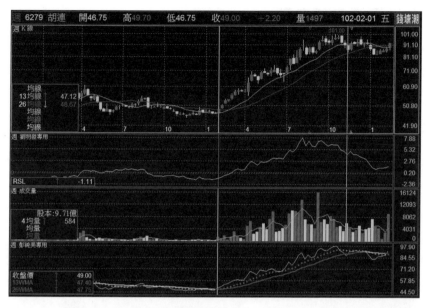

圖5.8（本圖由大師資訊提供，部份資料為作者所專有）

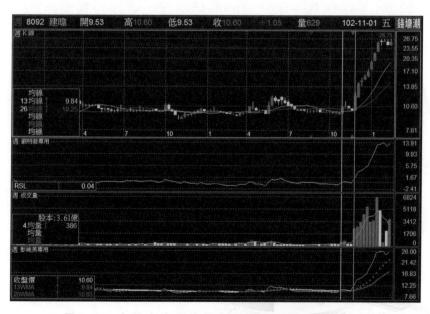

圖5.9（本圖由大師資訊提供，部份資料為作者所專有）

永遠的成交量：

　　下面三張技術分析線路圖。圖5.10，超眾（6230）、圖5.11，陽程（3498）、圖5.12，F-貿聯（3665）。這三支股票原本都已放進我的放空股票追蹤名單中，大家可以從K線圖以及第四欄位的二十六週加權移動平均線中（綠色圈圈的A區）看出它們發生再次突破之前當時的股價處境。超眾與陽程其實已落入第四階段，F-貿聯亦已處在看來類似第三階段的潛在頭部圖形中，當它們以特大巨量（藍色箭頭）攀升至二十六週加權移動平均線之上，且連帶使得二十六週加權移動平均線翻紅、揚升走高。終於出現第二次突破。當此情況發生時——相當罕見的狀況——第三階段潛在頭部失敗，甚至也以巨大成交量擊潰第四階段，股票又恢復到第二階段的走勢。這是一個強又有力的排列，不管你有否聽到它的內幕消息，當你看到如此巨大的成交量出現在這個突破位置上時，一定有事情發生了，只是你我還不知道。特別有利可圖，尤其對一些喜歡跑短線的投資人而言。股價還真的不是單行道。注意了，超級大的成交量很是需要，上影線越短越強。

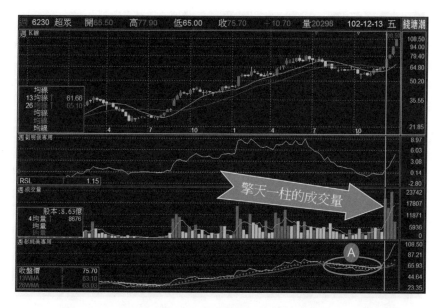

圖5.10（本圖由大師資訊提供，部份資料為作者所專有）

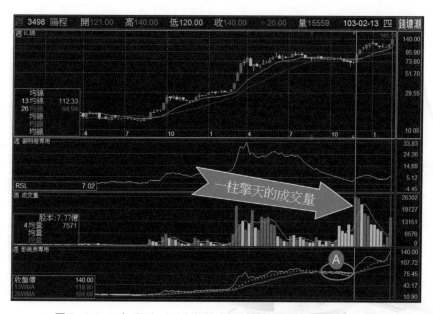

圖5.11（本圖由大師資訊提供，部份資料為作者所專有）

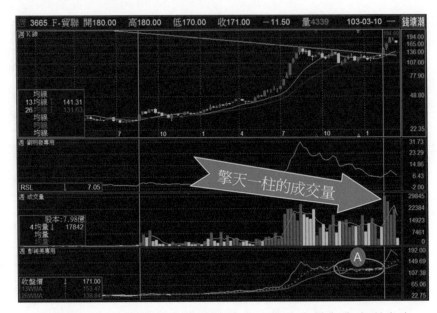

圖5.12（本圖由大師資訊提供，部份資料為作者所專有）

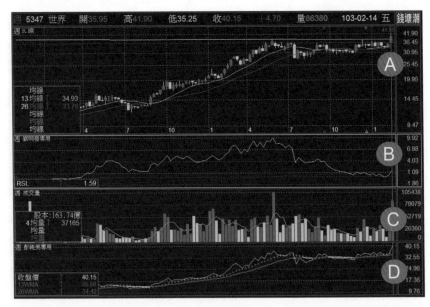

圖5.13（本圖由大師資訊提供，部份資料為作者所專有）

　　這裡，上下兩個技術分析線路圖5.13與5.14就當作是對自己小小的測驗，你先不要看下面的說明。其實下面也沒有答案，自己用自己讀過此書的心得先解讀看看。等你看到此書此處之時，再查一下電腦，印證一下你的看法。現在我也不知道後續的發展如何。

　　上圖，圖5.13，世界（5347）。注意C點的成交量（圖形中次大的成交量），這樣的成交量足夠把股價拖離隱形第三階段的繼續糾纏嗎？注意，相對強度線RSL上週已進入正值區，股價來到圖形中（兩年半）的新高點，自己追蹤吧。

　　下圖，圖5.14，晶豪科（3006）。與平常一樣，股票價位處於二十六週加權移動平均線之上是基本要求、D點。C點，圖形中顯示最大的週成交量。A點，股價進入圖形中的處女地帶。B點，相對強度線RSL竟然也於此種情況下由負值區挺進正值區。二十六週加權移動平均線繼續上揚中，相信你也有興趣自己追蹤它的後續發展。還熱得很呢，日期是1030321。

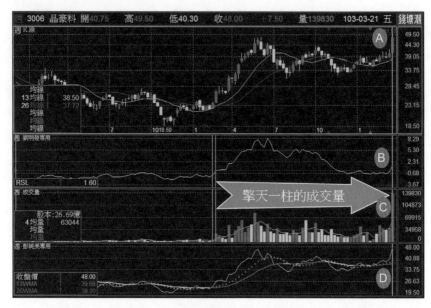

圖5.14（本圖由大師資訊提供，部份資料為作者所專有）

　　根據「統計」，「敢」於此時空點買進股票的人，只佔總投資人的2％。「統計」這是很好玩的東西，以下有兩項統計不知你信它否：出現於舊金山國際空港的「落單」男性，此處「落單」的定義是自己一個男人上化妝室而此時化妝室剛好又沒有其他人在場，出來後會洗手的只有5％；英國家庭主婦，她們夠文明了吧。她們家裡今天要宴客，如果煎熟的牛排掉到地板上會把它撿起來再端上桌的占72％。我太太說她是多數派。我說我是……

　　現在是紙上談兵，問題是，如果是在市場上有壓力的情況下，你是不是敢採取較侵略性的市場行為？就在之前我們提過的局勢都是正面的情況下（包括國際股市、國內大盤、類股）。

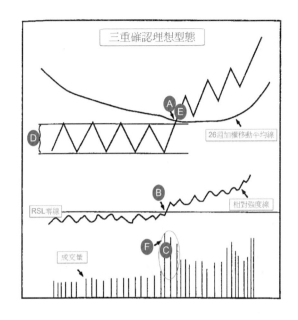

圖 5.15

三重確認型態：

　　這也是一個非常有利可圖的技術線型，在某些情況下，其最後的獲利狀態還真的是令人讚嘆不已。不過比較困難的是，之前我們講過的「屠龍」、或者是「量奔放」這些搜索股票的工作都可交由電腦來代為執行，我們只須做最後的篩選、確認即可，但若要交代電腦代為選出這個型態的股票來恐怕有所困難，我不知已經寫寫塗塗多少次了，最後還是放棄了。恐怕還是只能照著搜尋「頭肩底」型態的股票的工作方式來操作了。這種型態的股票出現在技術分析線路圖上的時間，一般都要比「屠龍」慢一點，兩者幾乎同時出現的機率比較少見。不過，這或許也是好事一件，「屠龍」先出現，再經「三重確認型態」的確認，也不錯。既然它與「屠龍」出現的時間相去不多，所以它也是屬於持股比較長期的投資人的買進對象，有時候

251

並不適合跑短線的操作。在股票市場中這種型態也只是偶爾才發生，因為它需要不尋常的三種有利狀況在相互距離不遠處一起或相繼出現。

　　與平常一樣，股票價位處於二十六週加權移動平均線之上是基本要求。下列三項情況必須確定發生。**首先，必須有成交量訊號，這是極重要的條件。**市場出眾的優異股票其成交量在突破時，幾乎永遠會顯著地大於技術分析線路圖上第一階段底部區域任何一點的成交量。但是，對於這種型態的大贏家，我們想要看到的成交量，絕對不止我們之前的選股標準……兩倍於其之前四週的平均成交量而已。**另外，巨大成交量不應該只是短暫的，巨大成交量應該隨著股價上漲而漸次遞增。**如此的訊號，顯示股票市場對該股票有不尋常的興趣出現，以及未來有追加性的需求存在。因為股價才剛開始推升，對於任何整理，買盤都急於追加其部位。如果回檔太淺而無法滿足買方的需求，那麼買盤通常會形成貪婪性的追價、瘋狂買進。

　　非常巨大的成交量（圖5.15中之A、C、F點）再度成為超級贏家的關鍵因素。但它並非唯一，**第二個焦點、致勝因素是相對強度線RSL。**（圖5.15中之B點）。在區分好的買進與最佳的買進時，相對強度線RSL會是非常重要的判讀工具。**在三重威脅型態中，相對強度線RSL一定要處於某個位置。它應處於負值區或以中性方式緊緊擁抱著零線。然後，一旦第二階段突破發生，相對強度線RSL必需明確地進入正值區。**這個條件是非常的重要。我們之前在談論相對強度線RSL的時候就曾提及，當突破出現時，相對強度線RSL如果還待在負值區，你仍可買進該股。但現在我們是在尋求這個非常特殊的大贏家型態，就毫無妥協的餘地。縱使該股可能是一支好的買進對象，也可能會有

不錯的利潤可獲取。但是，如果它的相對強度線RSL仍停留在負值區，它便不能滿足這個特殊狀態的特殊標準。好跟非常好還是有差別的。

　　第三個要追蹤的線索是股票突破前的大幅波動（圖5.15中之D點）。好像聽起來怪怪的，我們不是儘量要買便宜一點的嗎，但，它確切是侵略性大豐收型態的重大決定性因素。如果一支股票仍處於第一階段底部區域時便出現大幅波動的現象，那麼當它突破時就可能會成為一團火球。先蹲後跳的道理大家都懂。一支股票如果稍作頓挫，在它脫離盤整區、突破發生的當下，脫離起跑線之後，其勢必如脫韁之馬，其力道會更強勁。你如果玩過彈弓的遊戲就更能理解這種說法。當你把彈弓拉得直、繃得緊。放開彈弓之後，石頭會飛得快、飛得遠，就是這樣子。就常例而言，股票在突破之前已經上漲35％～50％或更多，則對未來數個月的漲勢最有利，我想30％是最起碼的關卡。但這會增加突破之後的一些短期風險，所以一開始的時候我就強調這是比較屬於喜歡持股較長期的投資人的買進點。

　　真實世界中它是如何呈現出？又是如何的帶給投資人利潤與歡愉？

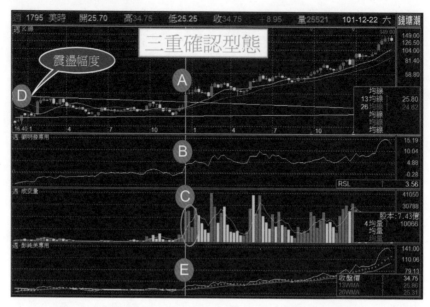

圖 5.16（本圖由大師資訊提供，部份資料為作者所專有）

　　上圖，圖5.16，美時（1795）。看看美時是否完全符合我們的選股標準。股價立於二十六週加權移動平均線之上的基本條件成立（圖5.16之E點）成交量擴增為正常水準的六倍半（圖5.16之C點），25521／3946，這意味著眾多重要買進意願的明確徵兆，更難得的是，成交量在突破之後幾週仍維持相當巨大的量（圖5.16之綠色圈圈）。相對強度線RSL（圖5.16之B點）也決定性的進入正值區（-0.19→3.56）。第三個重大線索顯示無比重要時刻正在形成，那就是美時（1795）處於第一階段底部區域時所出現的震盪幅度。它在支撐點20.15與壓力點32.55之間來回震盪（圖5.16之D點），因此當它首度突破壓力趨勢線時，就已經上漲了62%。對許多投資人而言，這是該賣股票的時機，因為該股看起來已上漲太多了。在A點，美時（1795）以巨大成交量首度進入第二階段，許多投資人都會以超買來形容現在的它，賣出股票的人非常多（看成交

量）。但是你我是經過特殊眼力訓練的，現在的你也已經開始發展出對技術圖形的感受力，所以不要追隨市場群眾的聲音，不用理會他們使用的一般術語「超買」、「超值」。現在的你我應該會齊聲的說「買」……就這個字。一年三個月的時間，它今天的收盤價是144.50，我們的超級大贏家理論還持續在上演中。看看它突破後的走勢、型態，確實不太適合較短線的投資人。

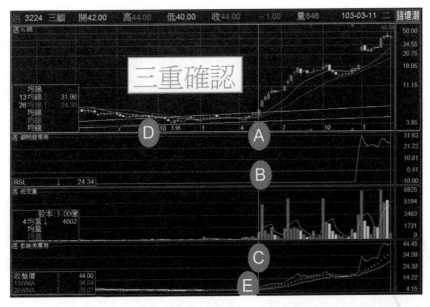

圖5.17（本圖由大師資訊提供，部份資料為作者所專有）

上圖，5.17，三顧（3224）。以三重確認型態展現了相同的贏家全拿的潛力。要怎樣確定它是絕佳的買進候選股？看看它是如何的符合我們苛刻的條件：符合股價立於二十六週加權移動平均線之上的基本條件（圖5.17之E點）。突破當週的成交量（圖5.17之C點）三倍多於之前四週的平均成交量、1061／292，另者，成交量於突破後數週仍維持相當巨大的水準。突破進入第二階段之後，相

對強度線RSL（圖5.17之B點）也於此時由負值區快速、強勁的進入正值區（-0.51→1.10）。第三個重要訊號顯示，一個巨大的上升趨勢正在醞釀中，三顧（3224）在第二階段突破前就已出現大幅震盪走勢。它在支撐點3.95與壓力點5.34之間上下遊蕩，於突破5.34之時已上漲35％。股價已經過高？但現在的你瞭解得更多，你要有你自己的想法，不應再盲從市場眾生。突破5.34之後股價一直漲到19.8參加減資，在任何時候，這都是可觀的漲勢，實在令人印象深刻。看看三重確認型態確實能夠顯現這麼強大的力量，優渥的利潤就隱形於其中。***很對不起，相對強度線RSL在圖形中顯示的是一條直線，那是三顧（3224）經過減資之後，相對強度線RSL便無法在WINDOWS版本中計算（圖形中顯示出來的是一條水平的線），還要經過很長的一段時間才可以再計算，上面的數據是從該公司先前的DOS版本中得來的。怎麼會越改越回去？不過我也只是借用它而已。

　　下圖，圖5.17.1，三顧（3224）盈餘統計月報。基本分析與本益比又怎樣？「三重確認型態」確能抓出令人不可置信的潛力股，但請注意，大部分情況它並不太適合跑短線的投資人，它是讓具有侵略性的長期投資人挖掘潛在超級大贏家搭上主要漲勢的投資方法

　　如果GOOGLE能為我們篩選出三重確認型態與頭肩底的股票那該有多好。或許真的有那麼一天的時候，到那時買賣股票將會更輕鬆自在，沒有什麼事情是永遠不可能的。你相信GOOGLE曾經幫醫師診斷出疾病嗎？真的有。你應該看過美國電視影集House,M.D.，於2004年在福斯電視首次播放，台灣公共電視台曾播出。中文譯名：怪醫豪斯、神醫、流氓醫師。稱他為流氓當然不太適合，但卻

很傳神。這部影集幕後的醫學顧問就是以收集怪病發表於
《紐約時報雜誌》而聞名的Lisa sanders，山德斯醫師。
山德斯醫師收集了發表於該雜誌的許多案例，出版了一
本書：《Every patient tells a story；Medical mysteries and
the art of diagnosis》（每位病人都有一段故事：醫學的奧
秘與診斷的藝術），台譯：診療室裡的福爾摩斯。書中敘
述了一位任職於耶魯醫學院附屬醫院（該書作者亦任教於
此）的年輕內科住院醫師,夏醫師。夏醫師藉由GOOGLE的
診斷，診斷出該病例，解決了各大醫院、各大醫師無法解
決的一個病例。這是真人真事。他在GOOGLE上輸入的是
「持續噁心、熱水淋浴」。

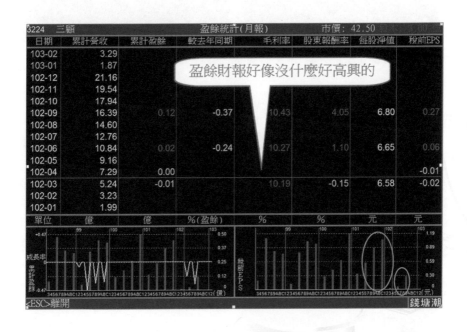

　　圖5.17.1（本圖由大師資訊提供，部份資料為作者所
專有）

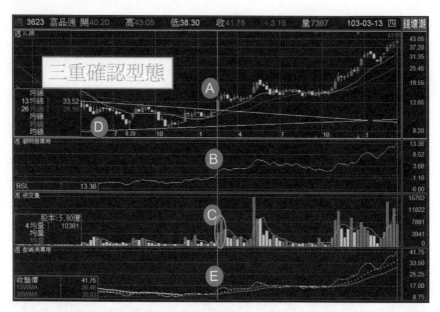

圖5.18（本圖由大師資訊提供，部份資料為作者所專有）

上圖，圖5.18，富晶通（3623）。當其突破（圖5.18之A點）第一階段底部區域時（時間：1020223），所顯示的我們需要的數據是這樣的：股價立於二十六週加權移動平均線之上之基本條件成立（圖5.18之E點），

成交量：4421／940（4.7倍），（圖5.18之C點）。

相對強度線RSL：-1.16→1.07，由負值區進入正值區。

（圖5.18之B點）

突破前之震盪幅度：（12.8－8.2）／8.2＝0.56（56％）。

（圖5.18之D點）

成交量不僅輕易超過數週前平均成交量的兩倍，它實際上來到了4.7倍。成交量擴增的如此之大，顯示情況

涉及大筆的金錢遊戲，而這幾乎永遠暗示著一個重大漲勢在醞釀中。突破後連續幾週的大成交量益顯正面。超級大贏家的三個重要元素皆已具備。突破進入第二階段時，絕佳的成交量暗示這個潛在贏家背後隱藏著十足的動能與推進力。第二，相對強度線RSL由零線之下直接進入零線之上。最後，在突破發生之前，股價在8.2至12.8之間遊蕩，突破之前它已先上漲了56%，股價進入超漲區了嗎？不，好戲才剛上場暖身而已。它屬於長期投資人的買點。

　　下圖，圖5.19，富晶通（3623）。圖表為其盈餘統計（月報）。注意圖表中我寫上去的兩件事情的發生時間點。不管是什麼情況，技術分析線路圖永遠早於一切的股票基本面訊息。

　　以上顯示的三重確認型態，是否只是我們盲目射中的幾發砲彈？才不！雖然這種型態不會每天或每個星期都出現，但它們會週期性的形成。當你變得比較擅長閱讀技術分析線路圖之後，便可挑出這種獲利潛力極佳的三重確認型態，並且順勢搭轎，這種機會很多。

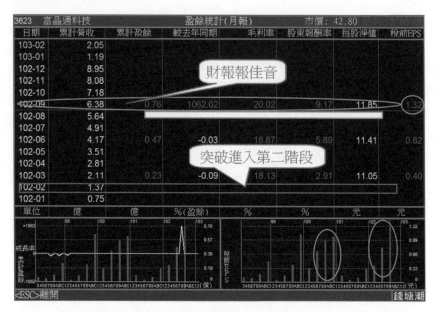

圖5.19（本圖由大師資訊提供，部份資料為作者所專有）

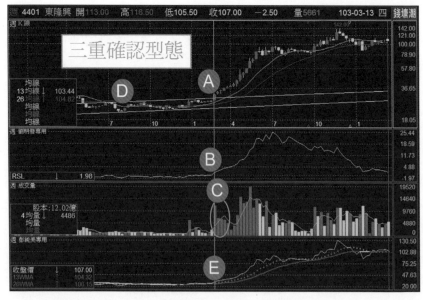

圖5.20（本圖由大師資訊提供，部份資料為作者所專有）

上圖，圖5.20，東隆興（4401）。三重確認型態突破於圖5.20之A點。股價立於二十六週加權移動平均線之上之基本條件成立（圖5.20之E點）。它的其他技術指標表現如何？

成交量：11842/1335（**8.9倍**）。（圖5.20之C點）。

相對強度線RSL：-0.12→1.68。**由負而正，站上零線**。（圖5.20之B點）。

突破前之震盪幅度：（34.4－21.2）/21.2＝0.62（**60%**）（圖5.20之D點）。

這樣的三重確認型態成就了後來股價的發展。對你我來講，最重要的是我們已知道正確的上轎時機。不可思議的突破點巨大成交量，你應該要知道8.9倍代表的意願，以及突破之後的連續數週的巨量。離開閘門起跑點之前的適度頓挫對突破之後之股價走勢有利，而這支股票突破前的震盪更符合了更大的標準→60%。加上相對強度線RSL的適時說「讚」。促使股價一路上漲，股票不用回檔，只需進行行進間的換手就可直接達陣。這是偶然？非也！

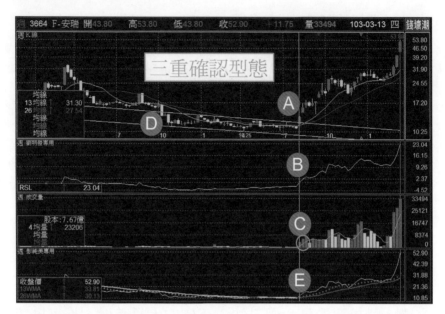

圖 5.21（本圖由大師資訊提供，部份資料為作者所專有）

　　上圖，圖5.21，F-安瑞（3664）。三重確認型態突破
於圖5.21之A點。最後的結果一樣的再度令人嘆為觀止。
股價立於二十六週加權移動平均線之上之基本條件成立
（圖5.21之E點）。它的其他技術指標表現如何？

　　成交量：3738/253（14.8倍）。（圖5.21之C點）。
　　相對強度線RSL：-0.29→0.28。由負值區進入正值
區。
　　（圖5.21之B點）。
　　突破前之震盪幅度：（13.85－10.25）÷10.25＝0.35
（35％）
　　（圖5.21之D點）。
　　綠色圈圈也顯示突破連續幾週的成交量。

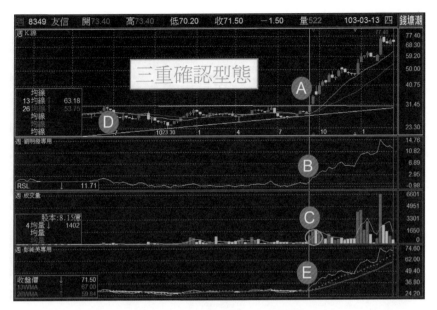

圖5.22（本圖由大師資訊提供，部份資料為作者所專有）

　　上圖，圖5.22，友信（8349）。股價立於二十六週加權移動平均線之上之基本條件成立（圖5.22之E點）。其他的條件呢？

　　成交量：1130/198（5.7倍）。（圖5.22之C點）。
　　相對強度線RSL：-0.23→0.82。由負而正，站上零線。（圖5.22之B點）。
　　突破前之震盪幅度：（31.5－23.3）/23.3＝0.35（35％）。（圖5.22之D點）。

　　如上圖，圖5.22，友信（8349）。A、B、C、D、E點通通合乎我們的選股標準。突破時的成交量更高達5.7倍，強烈暗示著搶錢遊戲即將展開。

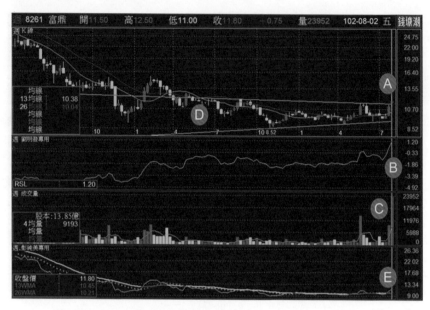

圖5.23（本圖由大師資訊提供，部份資料為作者所專有）

上下兩圖，圖5.23，富鼎（8261）與圖5.24，神基（3005）。這兩張圖形誰會是優選？為什麼。

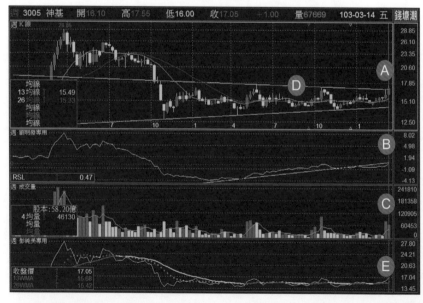

圖 5.24（本圖由大師資訊提供，部份資料為作者所專有）

RSL變正					潛力股搜尋		合格家數:10			1030317
編號	證券名	代碼	收盤價	週漲%	週量	W/n1四	日成交量	D/n1八	26WMA	RSL
1	中美實	4702	26.05	6.53	1102	0.48	1102	1.52	19.95	0.32
2	好　德	3114	13.80	6.52	2652	1.99	2652	6.86	12.39	0.46
3	穎　台	3573	35.35	6.51	2790	1.16	2790	6.39	31.86	0.33
4	晉　倫	6151	23.90	6.49	1039	0.90	1039	3.63	22.08	0.20
5	世　紀	5314	9.90	6.46	1330	0.76	1330	1.87	8.08	0.74
6	景　岳	3164	52.00	6.44	4122	0.99	4122	5.10	45.25	0.59
7	原　相	3227	65.30	6.43	4581	0.48	4581	3.09	54.45	0.25
8	鑫永銓	2114	90.80	4.74	980	1.28	980	5.44	82.82	0.45
9	F-艾美	1626	80.80	4.33	604	0.58	604	2.09	80.15	0.00
10	霖　宏	5464	22.95	3.49	1339	1.68	1339	3.71	20.21	0.18
<INS>設定	<F5>重新計算	<ESC>離開								錢塘潮

圖 5.25（本圖由大師資訊提供，部份資料為作者所專有）

量奔放					潛力股搜尋		合格家數:23			1030317
編號	證券名	代碼	收盤價	週漲%	週量	W/n1四	日成交量	D/n1八	26WMA	RSL
1	好　德	3114	13.80	6.52	2652	1.99	2652	6.86	12.39	0.46
2	昇　霖	5285	40.65	6.52	1167	0	1167	3.66	10.86	-10.00
3	迅　德	6292	37.60	6.52	1983	2.21	1983	8.67	32.54	2.46
4	穎　台	3573	35.35	6.51	2790	1.16	2790	6.39	31.86	0.33
5	上　詮	3363	29.25	6.50	9659	1.10	9659	5.47	25.25	0.75
6	立　德	3058	16.95	6.49	10262	2.36	10262	9.88	15.49	-0.40
7	興　泰	1235	33.15	6.49	2077	2.26	2077	4.83	26.39	2.30
8	健　策	3653	98.70	6.48	5843	2.19	5843	7.29	79.88	6.64
9	杏　昌	1788	101.00	6.34	2463	2.04	2463	10.39	91.96	0.91
10	台　林	5353	16.60	6.33	7773	1.29	7773	8.78	13.37	3.82
11	中　菲	5403	27.75	6.31	2335	1.11	2335	4.89	25.07	1.22
12	兆　利	3548	33.05	5.75	3461	2.09	3461	9.53	30.46	1.79
13	致　伸	4915	29.20	5.48	22953	1.10	22953	4.93	26.79	1.03
14	先　益	3531	29.50	4.75	2550	2.65	2550	10.08	25.90	1.11
15	鑫永銓	2114	90.80	4.74	980	1.28	980	5.44	82.82	0.45
16	志　超	8213	38.15	4.33	12234	1.75	12234	8.58	35.25	-0.39
17	景　碩	3189	107.00	4.21	10409	1.10	10409	5.32	102.18	-0.73
18	達　麗	6177	36.30	4.13	1092	1.10	1092	5.15	35.19	-0.27
19	大　江	8436	105.00	3.81	2666	1.88	2666	8.56	101.52	17.06
20	葡萄王	1707	139.00	3.60	4636	1.08	4636	3.52	137.82	0.32
21	霖　宏	5464	22.95	3.49	1339	1.68	1339	3.71	20.21	0.18
22	統　盟	5480	21.70	3.46	5189	1.16	5189	4.01	20.87	-0.12
<INS>設定	<F5>重新計算	<ESC>離開								錢塘潮

圖 5.26（本圖由大師資訊提供，部份資料為作者所專有）

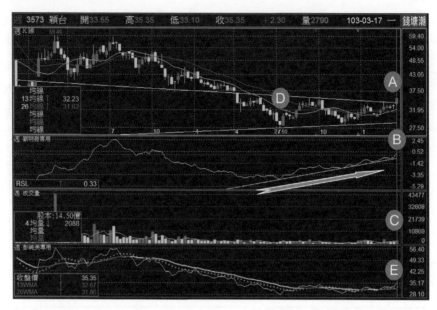

圖5.27（本圖由大師資訊提供，部份資料為作者所專有）

　　上圖，圖5.27，穎台（3573）。今天藉由兩支搜尋股票的公式：圖5.25，相對強度線RSL由負變正（還沒經星期五的最後確認），與圖5.26，量奔放；我們要的是一週的量奔放，一天的「量奔放」還有待觀察。我們找出了這支股票，這是值得追蹤的股票，但請不用太早採取行動，待它確定後再遞出買單不遲，今天才星期一而已。它已經有「三重確認型態」的技術分析線路圖的初期雛型、架勢了。震盪幅度28.9％，稍嫌不足、成交量有待確認、相對強度線RSL能否站上零線很遠處？這些都有待追蹤。

　　一旦精通本重要章節的精髓、概念，你將會明白如何去挖掘出那些隱藏著特別利潤的個股。當你發現這種「三重確認型態」的特殊大贏家出現在你眼前的時候，可以對它多做投資，因為現在你手中所握有的將來成為滿貫全壘打的機率將會非常高！

結語

　　「萬丈高樓平地起」。這是我們第二章節的標題，現在你已閱讀過我們前面的章節，相信你更能感受到這句話。從今以後，你的買賣決策將由圖形型態來決定，而非由媒體報導。承諾自己絕不會再買進一支處於第四階段的股票，也永遠不再擁有一支處於第四階段的股票，這一點非常重要。現在不再重提前面一再講過的重點，現在再重提有意思嗎？你想記住就記得住，記不得就請回頭去翻翻，以後提綱挈領的動作就要由你自己來做。可以這麼說：每一個地方都是重點，環環相扣，疏忽不得。投資理念、概念非常重要，理出一個層次來，該出擊的時候就出擊，該守就要守，進退有序，技術分析線路圖永遠是你在股市悠遊時的燈塔。

　　小小測驗：看你理解、吸收多少

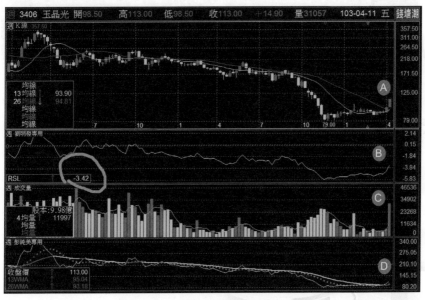

圖6.1（本圖由大師資訊提供，部份資料為作者所專有）　267

　　上圖，圖6.1，玉晶光（3406），本週以113.0最高價收盤（之前最低價曾來到79.0），量亦稍可。就你目前所知，站在本書相對強度線RSL以及壓力的觀點，你也會跟那些買進的人一樣，於此時採取買進行為？雖然26WMA合乎基本要求，為什麼？

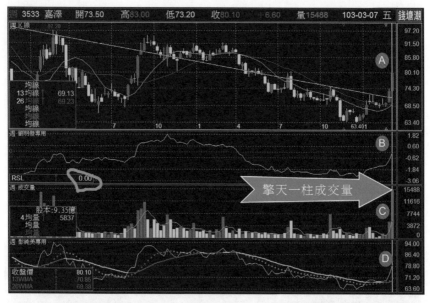

圖6.2（本圖由大師資訊提供，部份資料為作者所專有）

　　上圖，圖6.2，嘉澤（3533），擎天一柱的成交量，相對強度線RSL亦於此時爬上零線之上。它是理想的買進點嗎？為什麼？

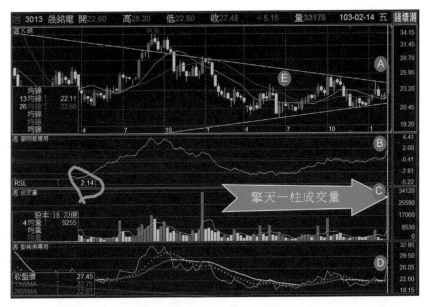

週 3013 晟銘電 開22.50 高28.20 低22.50 收27.45 +5.15 量33175 103-02-14 五 錢塘潮

擎天一柱成交量

圖6.3（本圖由大師資訊提供，部份資料為作者所專有）

　　上圖，圖6.3，晟銘電（3013），一柱擎天的成交量、相對強度線RSL站立於零線上方很遠處，突破前夠大的震盪幅度，它符合我們的「三重確認型態」嗎？

　　你的測驗結果？

　　我不是從事金融業，我也不是專業作家，下一次我們在紙上這字裡行間會面的機會應該是不多。本書寫作即將結束，但是卻是你以新的方法重新於股市開始的時刻。我要叮嚀你的是，書本只看一次應該是不過的，於股市悠遊之餘，應該抽空再回來看看，看看本書的概念在你第二次、第三次……閱讀時，是否能讓你更有收獲，是否常常會有讓你有恍然大悟、眼睛為之一亮的驚喜。

還有一些小建議：

法人、外資可怕嗎？股市大部分的投資人感覺在今天的這種市場中，他們無法與外資、法人或者自營商對抗，無法與他們相互競爭，這種概念有需要修正一下。我們這些小股民事實上是居於優勢的，只是多數投資人無法理會而已。法人機構就像一隻恐龍、百足蜈蚣，它們身材龐大且又行動遲緩；你我卻能快速行動，比起它們輕盈多了。另外，到年底的時候，你看這些經理人顯現在報紙上的操作績效報告也不怎麼樣。要夠勤快、要對自己的投資擔當責任。

你需擁有巨額資金才能在股市中獲勝？擁有大額資金的優點是它較易於做分散投資，也就分攤了風險。能在股市中一再獲利的關鍵是，你能將本書中所有的買賣重點融合成一個罕有的商品——知識，而不是資金。或許有人會建議你：將資金投入股票市場之前，你應該先來幾次的紙上作業。有此必要嗎？打沒有彩金的麻將你會有壓力嗎？好玩嗎？現實生活中說起別人的不是總是頭頭是道，其實他自己又好到那裡去。所有人都是一樣的，在沒有承受壓力時，引經據典是非常容易的；在處理現實生活中因市場波動所造成的財務壓力時，你是否能夠嚴守你的遊戲規則那又是另一回事。市場上有所謂的股票模擬操作比賽，那是屁話，拿那種冠軍又有何光榮可言？沒有了財務壓力的測試，　一切都是虛假！這就像參加「饑餓30」體會饑餓一樣的無聊，你明天就要吃大餐了，那能體會那些貧窮的人明天、明天的明天的那種毫無希望的痛苦心境！因此，你可以直接上場，直接站上打擊區，只先用你一部分的資金來投資，直到～你改善你的看圖能力、分析技巧以及選股能力，達到高度的自信心與熟練之程度～之後。

「低頭便見水中天」，「軌跡道盡一切」！

國家圖書館出版品預行編目資料

低頭便見水中天——股票軌跡道盡一切 / 劉明發醫師著
--初版-- 臺北市：博客思；2015.2 面；公分--（投資理財系
列 8 ）

1.股票投資 2.投資技術 3.投資分析
ISBN：978-986-5789-48-0(平裝)
563.53   104000461

投資理財系列 8

《低頭便見水中天——股票軌跡道盡一切》

作　　者：劉明發醫師
執行編輯：張加君
美　　編：謝杰融
封面設計：謝杰融
出 版 者：博客思出版事業網
發　　行：博客思出版事業網
地　　址：台北市中正區重慶南路1段121號8樓之14
電　　話：(02)2331-1675或(02)2331-1691
傳　　真：(02)2382-6225
E—MAIL：books5w@yahoo.com.tw或books5w@gmail.com
網路書店：http://www.bookstv.com.tw 、華文網路書店、三民書局
　　　　　http://store.pchome.com.tw/yesbooks/
　　　　　博客來網路書店 http://www.books.com.tw
總 經 銷：成信文化事業股份有限公司
劃撥戶名：蘭臺出版社 帳號：18995335
香港代理：香港聯合零售有限公司
地　　址：香港新界大蒲汀麗路36號中華商務印刷大樓
　　　　　 C&C Building, 36,Ting, Lai, Road, Tai,Po, New,Territories
電　　話：(852)2150-2100　 傳真：(852)2356-0735
總 經 銷：廈門外圖集團有限公司
地　　址：廈門市湖裡區悅華路8號4樓
電　　話：86-592-2230177　 傳真：86-592-5365089
出版日期：2015年2月 初版
定　　價：新臺幣320元整（平裝）
ISBN：978-986-5789-48-0(平裝)